1

Übergang in eine neue Zeit

Beatrice Pfister
Übergang in eine neue Zeit
Transformation in ein glückliches Leben

Eine neue Dimension der Selbstgestaltung unseres Lebens

Inhalt:

Zu diesem Buch:

Wenn ich still werde und auf meine innere Stimme höre, wird mir bewusst, dass es ganz wichtig ist aus allen Ängsten die uns noch zu beherrschen versuchen, auszusteigen. Denn genau diese Seins-Zustände verhindern unsere Entwicklung im Bewusstsein. Sie blockieren uns bewusstseinsmässig zu wachsen, wesentliche Erfahrungen zu machen und wir bleiben stecken, werden bewegungslos, starr und unglücklich. Oft ist auch der Körper davon betroffen. Diese einflussreichen Emotionen haben auch eine sehr tiefe Schwingung und kosten viel Energie. Meistens geben wir uns dann auch noch mit Menschen ab, (das sind die Meisten von uns), die dieselben Zweifel und Sorgen auch haben, somit vergrössern und stärken wir das Feld dieser niedrigen Frequenz noch mehr und glauben zusätzlich, dass dies völlig normal ist und zum Leben gehört. Sind wir einmal den Ängsten ausgeliefert, befinden wir uns wehrlos auf einer steilen abwärts Spirale. Das können verschiedene Angst-Themen sein wie: ich bin nicht gut genug, ich schaff es nicht, ich bin nicht dafür geschaffen, ich verliere immer, von einem Partner werde ich immer verlassen, bin zu wenig intelligent, zu wenig schön, oder zu wenig schnell, ich bin überfordert, ich kann es nicht, hoffentlich hab ich genug Geld, Zeit, Ausdauer... dazu kommen noch die äusseren Angstquellen, die nichts anderes sind als der Spiegel der Menschheit, wie: Klimawandel, Naturkatastrophen, Krankheiten, Viren, Kriege, Gewalt, Terror, Arbeitslosigkeit, Wirtschaftskriese, ... all dies sind alltägliche Themen die die meisten von uns belasten und beschäftigen. Die Medien tragen einen grossen Beitrag dazu, dass diese Ängste nicht aussterben und sich verbreiten wie ein aggressives Grippen-Virus.

In diesem Buch möchte ich unter anderem zeigen, wie wir tief in unserem Unterbewusstsein gespeicherte, zum Teil auch fremdbestimmte Programme erkennen, die sich als unsere Realität ausgeben, mit denen wir uns identifizieren und die zusätzlich unser Leben negativ beeinflussen. Mit Transformationsarbeit erreichen wir, dass wir negativ geladenen Programme in positiv geladene Programme umwandeln können. Ich erzähle viele «Life Erfahrungen» so wie auch Geschichten, die Transformationen in der Art reflektieren so, dass sie bildlich klar und nachvollziehbar werden. Übungen und Meditationen werde ich mit euch teilen, die Transformationen leicht ermöglichen. Auch möchte ich Hinweise geben, wie wir uns von

Ängsten und Stress befreien können, unsere Frequenz erhöhen, und wie durch diese Befreiung Heilung an Stelle von Krankheit, Freude und Erfolg an Stelle von Leid und Enttäuschung in unser Leben einkehren kann. Das ist die Voraussetzung für die neue Dimension, die neue Zeit, in die wir nun übergehen werden. Je mehr Menschen von einem Leidens-Zustand in einen wunderschönen Seins-Zustand transformieren, ihre Schwingung erhöhen und von dort aus aktiv sind, desto bewusster schöner und edler sind auch die Manifestationen der Aktionen, desto höher steigt auch die Schwingung des Planeten und die Transformation in eine wunderschöne, neue Zeit kann sich verwirklichen.

Ihr seid alle herzlich eingeladen, bei diesem Abenteuer «Transformation in ein glückliches Leben» als Pioniere dabei zu sein! Es macht auch viel Spass; versprochen!

Freude zieht Glück an

Gestern schauten Rolf, mein Lebenspartner und ich uns den Film: «Friedvoller Krieger», nach einer wahren Geschichte, geschrieben von Dan Millman, das zweite Mal an. Es geht um einen sehr ehrgeizigen Sportler, ein Kunstturner, der die Spitze seiner Karriere erreichen will, in dem er an den olympischen Spielen teilnehmen kann und Gold gewinnen will. Das ist seine Vision. Er steckt seine ganze Kraft in dieses Ziel, begibt sich aber an die äussersten Grenzen seiner Fähigkeiten und Kräften. Als Mensch ist er sehr unsensibel, nutzt seine Chancen bei den Frauen und übertreibt es auch mit schnellem Fahren auf seinem Motorrad, indem er sich in sehr risikoreiche Gefahren einlässt. Er wirkt sehr gestresst und auch unglücklich. Eines Tages hat er einen Traum, in dem er einen Unfall hat und sein Bein verliert. Da sieht er einen Mann mit zwei verschieden farbigen Schuhen. Schweissgebadet erwacht er aus diesem Traum, kann nicht mehr schlafen und geht nachts nach draussen. Bei einer Tankstelle in der Nähe, trifft er einen älteren Mann, der die Selben ungleichen Schuhe trägt, wie der Mann aus dem Traum. Dan, so heisst der Turner, findet dies alles sehr merkwürdig. Es stellt sich heraus, dass dieser ältere Mann den Jungen coachen würde, und ihm ein paar wichtige Sachen beibringen möchte. Schliesslich ist der junge ehrgeizige Sportler halbwegs bereit, von ihm zu lernen. Eine seiner sehr kraftvollen Übungen ist die, als er ihn bittet gute Schuhe mitzunehmen, da er ihn auf einen Berg führen würde, wo es etwas Grossartiges zu sehen gibt, und er sagte ihm auch, dass er nun endlich bereit sei für dieses grosse Ereignis. Ganz aufgeregt erscheint der junge Sportler am nächsten frühen Morgen, und sie machen sich auf den Weg. Nach drei Stunden hartem Bergsteigen, fragt er den alten Mann: «hei, wann sind wir endlich angekommen, ich freue mich ja so sehr auf das was mich da an unserem Ziel antreffen wird; aber sag mir, wann sind wir endlich da?» Der alte Mann antwortet ihm: «Jetzt, wir sind angekommen.» «Ja aber was ist denn nun so besonderes da?» fragt ihn Dan. Der Alte antwortet ihm: «Schau auf den Boden, neben dir siehst du einen Stein.» «Was soll bloss an diesem blöden, langweiligen Stein so aussergewöhnlich sein, dass wir uns drei Stunden den Berg hinauf quälten?» Der alte Mann antwortet ihm wieder: «Oh, du warst den ganzen Weg so aufgeregt und glücklich, ich kann nichts dafür, dass du es nicht mehr bist, weil du über das Ziel enttäuscht bist!» Nach langem Schweigen sagt dann Dan: «Ich habe deine Lektion verstanden; der Weg ist das Ziel, die Freude dabei zu empfinden und im Jetzt zu sein und nicht auf das, was man unbedingt erreichen will.»

Diese Geschichte hat mich sehr nachdenklich gemacht; wie oft hetzen wir unseren Zielen nach. Es ist ja wunderbar grossartige Ziele zu haben; aber, wenn wir dabei vergessen im Hier und Jetzt zu sein und Freude zu empfinden bei dem was wir tun, werden wir nie glücklich sein können, oder uns am Leben freuen, da wir uns immer nur auf das Ziel, und dann das nächste Ziel und das Übernächste.... usw. fokussieren. Das Leben wird dann sehr stressvoll und freudlos, da die Ziele auch immer höher gesetzt werden. Und sobald die Ziele erreicht sind, ist die Freude über das erreichte Ziel auch nicht von langer Dauer; also muss das nächste Ziel in Angriff genommen werden. Sagen sie mal ehrlich, wie viele Menschen kennen sie, die genau das machen? ... Ich auf jeden Fall sehr viele und ich musste eine Zeit lang selber vorsichtig sein, dass ich nicht auch in diese Versuchung kam «Ziele zu jagen».

Es stellt sich dann auch die Frage, wie will ich mich über das erreichte Ziel glücklich fühlen, wenn der Weg dorthin voller Stress, Ungeduld, Angst dass ich das Ziel nicht erreichen kann, usw. ist? Die Wirklichkeit sieht dann eher so aus, dass man das Ziel nicht erreicht unter diesen Umständen, weil der Weg dorthin viel zu negativ beeinflusst ist, oder dass man sehr enttäuscht ist, weil man sich das „Glücksgefühl" dort anzukommen ganz anders vorgestellt hat und nur dieser Vorstellung nachgehetzt ist. Also wird das nächste Ziel gesetzt und alles wiederholt sich.

Das heisst aber nicht, dass wir keine Ziele im Leben haben dürfen; das heisst nur, dass der Weg zum Ziel eine absolute Freude und Passion sein sollte. Weil wenn das nicht so ist, sondern so läuft, wie ich es eben beschrieben habe, gibt es an Stelle von einem erreichten Ziel, nur unglückliches Jagen nach unerreichbaren Zielen! Das ist ein physikalisches Gesetz, das ist leider genauso. Ist man auf dem Weg unglücklich, zieht man immer Unglück als Resultat an. Ist man auf dem Weg glücklich, mit all dem was man tut, ist das Resultat erfolgreich, voller Freude, und somit ist das Ziel erreicht. Weil eigentlich hetzten wir den Zielen nach, weil wir denken, dass wir durch die erreichten Ziele ein besseres Leben haben werden, mehr Erfolg, mehr Reichtum, mehr Freiheit, mehr Möglichkeiten, mehr Ansehen und Akzeptanz von aussen, kurz zusammengefasst, wir wollen ein Ziel erreichen, damit wir «glücklicher» sind und dann werden wir enttäuscht, weil das meistens nur kurz der Fall ist und diese Vorstellung auf einer Illusion aufgebaut wurde, das Bedürfnis nach einem weiteren höheren Ziel steht dann bald an.

Das gilt für alle, die sagen, ich freue mich so, wenn ich dann einmal .... pensioniert bin, zum Beispiel, dann kann ich dann endlich frei sein, tun was mir Freude macht, usw. oder ich freue mich so auf das Wochenende - es ist aber leider erst Montag; und was geschieht mit den

fünf restlichen Tagen? Oder ich freue mich so auf die Ferien, oder wenn wir ein Haus kaufen können, dann wird es endlich schön.... Aber was ist im Jetzt? Auf dem Weg ins Glück?

Wenn wir das nun schon bereits wissen, und wir alle sicher unsere Erfahrungen mit dieser „Weg zum Ziel Geschichte" gemacht haben, könnten wir uns auch danach orientieren, und darauf achten, dass uns der Weg zum Ziel so gefällt, dass bereits der Weg zum Ziel wird!

Wir sind also von jetzt an sehr achtsam, dass unser Leben uns rund um gefällt, und dass wir sehr glücklich sind, mit dem was wir tun! Unser Beruf, unsere Partnerschaft, unsere Wohnsituation, unser Freundeskreis, unsere Freizeitgestaltung, unsere Interessen, alles was wir im Leben tun.

Ich kann ihnen versprechen, dann wird der Weg zu ihrem Lebensziel und sie erfreuen sich jeden Tag an ihrem Leben so, dass sie keine Ziele mehr brauchen, die sie auf stressvolle Art erreichen müssen. Sie haben Visionen, die aus einem wunderbaren Seins-Zustand sich sehr mühelos und schnell verwirklichen, weil sie sich in einem harmonischen Zustand befinden und alles synchronisch fliesst. Sie sind interessiert mehr zu lernen und bewusst zu wachsen; dann haben Sie eh das grösste Lebensziel erreicht: das heisst glücklich sein, diese Erfahrung zu steigern, und zu verbreiten, mit anderen Menschen zu teilen! Und das ist auch die Vision von diesem Buch, dort anzukommen und von dort aus eine neue, harmonische Welt zu erschaffen!

Unsere Programme erkennen

Eigentlich sollte diese Aufgabe, die wir uns im vorderen Kapitel gestellt haben, doch ganz einfach sein? Sich von einem schwierigen, mühsamen, leidbringenden, stressigen, harten Weg auf einen leichten, glücksbringenden, vertrauensvollen, harmonischen, sorgenlosen Weg zu wechseln? Warum ist das so schwierig, warum bringen dies die meisten Menschen nicht hin? Fragen sie sich einmal wie viele Menschen kennen sie, die am Morgen mit einem Lächeln auf dem Gesicht aufstehen, und am Abend mit einem Lächeln schlafen gehen; weil sie rundum glücklich mit ihrem Leben sind? Sie strahlen und sind voller Energie, die sie aus ihrer Lebensfreude tanken. Sorgen kennen sie nicht, da sie sich in vollkommener Harmonie mit allem was sie betrifft befinden. Sie haben grosses Vertrauen; Angst kennen sie nicht. Falls sie solche Menschen kennen, die nur annähernd so sind, nehmt sie als ihre Beispiele und Vorbilder!

Also schauen wir einmal dorthin, wo bei uns die Ursachen liegen, die uns vom „wirklichen, sorglosen Glücklichsein" abhalten.

Von klein auf, wird uns beigebracht, dass wir uns entsprechend verhalten müssen, um gut anzukommen. Zuerst bei den Eltern, dann bei den Verwandten, später bei den Lehrern, Pfarrer, vor Gott, in der Lehre, Ausbildung, usw. Bereits als Baby finden wir heraus, ob wir gut sind, ob wir Liebe bekommen, oder auf Widerstand stossen mit unserem Verhalten. Wir lernen also ganz früh, wenn ich mich „gut" verhalte, bekomme ich Liebe, Zuwendung und Nahrung. Dann geht es bald darum artig zu sein, still zu sein, brav zu sein, damit wir weiterhin die lebenswichtige Fürsorge und Liebe bekommen. Sind wir nicht artig, werden wir bestraft (Liebesentzug). Später in der Schule geht es dann darum, gute Leistungen zu bringen, denn nur so hat man die Möglichkeit es zu „etwas" zu bringen! Und so sind Mama und Papa stolz und lieben uns. Im Berufsleben fahren wir fort mit ähnlichen Verhaltensmustern, die von uns verlangen entsprechende Erwartungen von Oben zu erfüllen, damit wir Anerkennung bekommen und die Möglichkeit besteht weiter auf zu steigen. So sieht also die Realität auf diesem Planeten bei den meisten Menschen aus! Aber ist das die Realität? Oder sind es nur Programme, die auf Verlustangst von Liebe und Anerkennung aufgebaut und eingeprägt wurden, die sich dann auf unserer Festplatte manifestieren? Nicht mit böser Absicht; denn diejenigen, die uns das heruntergeladen und vorgelebt haben, haben diese Programme auch heruntergeladen bekommen und sind mit den gleichen Prägungen programmiert worden. Wenn wir etwas genauer hinschauen, sehen wir, dass nicht nur einzelne Menschen diese Programme leben und weitergeben, sondern auch grosse, einflussreiche Organisationen, es fängt schon an mit dem Schulsystem, das total auf Leistungsdruck ausgerichtet ist, dann begegnen wir es bei Firmen, Banken, Politik, Religionen wieder, überall wo es um Macht geht. Die Machtausübenden wollen um jeden Preis an der Macht bleiben, da sie von klein auf gelernt haben, dass das ein grosses Lebensziel ist, man „jemand" ist, angesehen, bewundert, beneidet, geehrt, (wird dann automatisch mit Liebe und Anerkennung aus der Kindheit verwechselt, die so unerreichbar erschienen), und sie wollen diese

Machtposition nicht verlieren. Sie wollen auch nie mehr in der Situation sein, in der sie unterdrückt werden; meistens sind das Menschen, die grosse Unterdrückung und dadurch Ängste erfahren mussten. Da viele andere diese Macht auch gerne hätten, aus demselben Grund, um endlich jemanden der es erreicht hat zu sein, um Bewundernswert zu sein, um Anerkennung zu bekommen, und dazu kommt noch, solange sie an der Macht sind, kann sie niemand unterdrücken, da sie nun diejenigen sind, die die andern kontrollieren, müssen jetzt die Machtausübenden kraftvoll ihre Position verteidigen und auf der Hut sein. Sie haben also Angst, jemand nimmt ihnen diese Kontrolle weg, indem er noch besser, intelligenter, kreativer und listiger usw. ist als sie selber. Aus lauter Angst, dass das ihnen geschieht, operieren sie nun mit «Angst machen». Mit Angstenergie kann man ganze Länder und Nationen lahmlegen. Somit können sie nun auch ihre eigene Angst verbergen. Als die Kirche noch mehr Macht hatte, waren so viele Menschen verängstigt, wenn sie nicht das machten, was die Kirche von ihnen verlangte, wurde ihnen gedroht, dass sie bestraft werden und in die Hölle kommen; zum Beispiel auch einen gewissen Betrag an Geld zu spenden gehörte dazu. Es ist also ein Uraltes Prinzip, das so alt wie die Menschheit ist. Vor x-tausend Jahren machte das vielleicht noch Sinn, da die Menschen um ihre Höhlen, ihre Bärenfelle, ihr Jagdrevier kämpfen mussten. Es ging damals um das Überleben. Dafür ist auch unser Reptil-Hirn, das sich am hinteren Teil vom Kopf befindet, eingerichtet. Interessant ist, dass die Ängste die wir heute haben, genau dieselben sind wie die Ängste die die Menschheit vor x-tausend Jahren hatte. Wir verhalten uns, als ginge es ums Überleben. Denn sobald wir Angst haben, befinden wir uns im Reptil-Hirn-Teil und reagieren von dort aus. Die Reaktionen von diesem Teil unseres Gehirns bringt uns in Wut, Aggression, Hass, Verletzung, Beleidigung, Missgunst, Eifersucht, ... wir versuchen zu beweisen, dass wir recht haben, wir versuchen uns zu verteidigen, als ginge es um Leben und Tod. Da müsste man sagen, dass die Zeit mehr als nur überfällig wäre, die Menschheit darauf aufmerksam zu machen, ein neues Bewusstsein zu kultivieren!

Nur wenige getrauen sich gegen solche Machtausübungen, Manipulationen und Unterdrückungen, zu wehren. Und wenn jemand den Mut aufbringt, wird er vom «System», also von denjenigen die an der Macht sind, bestraft oder bedroht, oder sogar umgebracht. Ein paar Leute werden später geehrt für ihre Pioniertat, und man präsentiert sie als Helden und Kämpfer für Frieden und Freiheit. Mandela, der für die Gerechtigkeit und Gleichheit der Schwarzen kämpfte, wurde aber zuerst von den Weissen eingesperrt. Mahatma Gandhi, der für Gleichheit unter dem Kastensystem und den Religionen kämpfte und für ein freies Indien, wurde ebenfalls von den Weissen, die an der Macht waren, mehrmals eingesperrt und dann wurde er umgebracht.

Was können wir tun? Solange wir auf dem gleichen Niveau zurück reagieren, (vom Reptil-Hirn-Teil), und uns wehren, lassen wir uns auf einen Konflikt ein, der bei den Mächtigen auf Abwehr und Verteidigung stösst; und meistens endet das nicht im Guten, da sie an der Macht sind, und vom Rechtsystem unterstützt werden. Es gibt nur eine Möglichkeit: wir müssen unser Bewusstsein erweitern, Verantwortung über unseren Zustand übernehmen, aus dem wir in Aktion gehen. Nur so erschaffen wir im Aussen eine neue Reflektion und Manifestation von einer angstfreien, nicht manipulativen Welt. Einer Welt, in der wir glücklich und frei sein können.

Es gibt so viele Beispiele, in grossen und in kleinen Unternehmen, in geschäftlichen wie in

privaten Angelegenheiten, in Beziehungen, in
der Politik, Konflikte zwischen Länder, Völker,
Religionen und bei einzelnen Menschen die
aus diesen alten «Angst-Programmen» agieren!
Es ist immer noch total verbreitet hat so viel
Kraft und lässt uns zusätzlich glauben, dass
das die Wirklichkeit ist! Leider bringen diese
Angst-Programme aber Leid und Schmerz. Aus
Leid und Schmerz entstehen wieder
gefährliche Machtorganisationen für Krieg und
Terror; weil nur verletzte und verängstigte
Menschen verletzen andere. Das Rad dreht
sich nur im Kreis. Ein bewusstes Wachsen,
eine Entwicklung zu einer höheren Art des
Seins, Selbstachtung, Respekt, Verantwortung,
ist so unmöglich.

Nehmen wir einmal an, wir würden geboren, in
eine angstfreie Welt, in der alle glücklich sind
und ihr eigenes Leben geniessen. Allen
Menschen, die geboren werden, würde man
beibringen, dass sie ihr Herz öffnen und nur
das machen sollen, was ihnen gefällt, und
anderen Freude bereitet. Diese Menschen
würden einfach von allen geliebt, so wie sie
sind. Es würde von keinem verlangt etwas zu
tun, nur um die Erwartung anderer zu
befriedigen. Jeder würde darauf vorbereitet
seine Talente und seine Passion zu entdecken,
damit er sich in seinem Wesen, in dem was er

hierher mitgebracht hat, in seiner Bestimmung verwirklichen kann. Es gäbe talentierte Bauern, Techniker, Lehrer, Forscher, Erfinder, Künstler, Ärzte, Händler, Handwerker usw. aber alle müssten dem andern nichts beweisen, oder Angst haben etwas zu verlieren, weil sie nie gelernt hätten, dass etwas zu verlieren Angst machen muss; sondern eine Gelegenheit für etwas Neues ist. Oder dass sie durch ein Versagen, einer nicht vollbrachten Leistung bestraft werden müssten. Jeder auf dieser Welt wäre so belehrt worden, dass er auch „Fehler", oder nicht gelungene Arbeit, Versagen usw. annehmen und akzeptieren darf, ohne sich dafür nicht gut zu fühlen oder Schuldgefühle zu empfinden. Im Gegenteil, einen solchen Vorfall als Chance annehmen würde, um etwas daraus zu lernen.

Sie würden einfach mit Freude ihre Berufung ausüben und mit den andern teilen, da diese vielleicht Talente hätten von denen sie auch profitieren und lernen könnten. Konkurrenzkampf, Leistungsdruck, Manipulation durch das grosse «Verlustangstprogramm» würden also nicht existieren, und hätten somit auch keinen Einfluss auf die Menschen, die in dieser Welt leben. Was für ein total anderes Programm in unserem ganzen System würde da jetzt laufen?

Man könnte es mit dem Programm das auf unserer Welt läuft gar nicht vergleichen, so unterschiedlich wären sie! Stellen sie sich vor, es wäre die gleiche Welt, dieser Planet Erde, die gleichen Menschen mit den gleichen Berufen, aber mit dieser anderen Prägung, von dieser anders geprägten, Angst freien Welt! Was für ein paradiesisches Dasein! Also hängt unser Weltfrieden und unser Glück von den Programmen, die durch unsere Prägung entstanden sind ab, die in uns laufen, und von denen wir glauben es sei die Wirklichkeit? Genau das ist der Schlüssel! Wir können die Programme von anderen Menschen und ihre Wirklichkeit nicht verändern und auch nicht die Welt; was wir aber tun können ist, unsere eigene Programme entdecken, sie überprüfen, ob sie für uns und unser Leben gut sind und uns glücklich machen, ob sie aus Angst und Unterdrückung entstanden sind, und mit der Wirklichkeit gar nichts zu tun haben, oder ob wir sie verändern, transformieren sollten, damit wir noch mehr in Freiheit, Freude und Liebe leben können. Dies wird unsere Frequenz stark erhöhen und andere anstecken, das Selbe zu tun. Der erste, wesentliche Schritt haben sie bereits getan, indem sie sich bewusstwerden, dass es oft Programme und Selbstimages sind, die sehr dominierend unser Leben bestimmen und, dass diese mit der Wirklichkeit überhaupt nichts zu tun haben. Denn es wird erst „Wirklichkeit", wenn wir an etwas glauben, (zum Beispiel durch Prägung), dass es so und so ist. Und Programme kann man wechseln wie man auch Dinge, an die wir glauben transformieren oder ersetzen können.

Wie man Programme transformieren kann

Stellen sie sich nun vor, sie schauen sich auf einem TV-Programm einen Horrorfilm an. Dieser Film finden sie überhaupt nicht gut, ihr Nervensystem leidet darunter, es schadet ihnen diesen Film anzuschauen. Was machen sie? Sie schaltet auf ein anderes Programm, das ihnen besser gefällt! Genau dasselbe können wir mit unseren Programmen, die da in uns laufen, auch machen.

Zuerst möchte ich sie gerne einladen, eine Übung zu machen, wobei sie erkennen, was bei ihnen fremdbestimmt programmiert wurde:

Also bereiten sie sich auf diese Übung vor, indem sie vom Kopf, Verstand, der eng mit unserer Geschichte und den dazugehörigen Programmen arbeitet, ins Herz sinken. Sobald sie im Herzen angekommen sind, ist die Verbindung zum grossen Selbst, unserem Wesen, viel näher.

Übung

Setz dich bequem hin, schliesse die Augen und atme tief ein und aus, bis du ganz ruhig geworden bist.

Gehe dann mit deiner Aufmerksamkeit zu deinem Herzen und verweile einen Moment lang da.

Geniesse dieses Gefühl im Herzen zu sein und spüre die Verbindung zu deinem wahren Wesen, das dich genau so liebt, wie du bist und das sich   zum Ausdruck bringen möchte, indem Freude, Licht und Liebe dein Leben bestimmen. Geniesse diesen Moment.

Atme noch einmal tief ein und aus, ...komme dann zurück ins Hier und Jetzt und beantworte folgende Fragen:

Fragen beantworten

Wenn eine Fee erscheinen und mich fragen würde was ich mir sehnlich wünsche, was würde das sein?

Wenn ich was tue, fühle ich mich so richtig
ausgefüllt und glücklich, vergesse die Zeit, weil
ich in dem was ich tue total aufgehe? Was sind
das für Sachen?

Wo sind meine Begabungen und Talente, wo
kann ich sie zum Ausdruck bringen?

Auf was in meinem bisherigen Leben, das ich gemacht habe, bin ich so richtig stolz und möchte es auch mitteilen?

Was sind meine Lebensziele?

Was sind meine 5 Lieblingsfilme, die ich immer
wieder anschauen kann:

Mit diesen Fragen, die sie bei der
vorangehenden Übung beantwortet haben,
kommen sie ihrem wahren Selbst, ihrem
Herzenswunsch, ihrer Bestimmung schon
etwas näher; oder sagen wir einmal so: es wird
etwas Licht in einen finsteren Raum gelassen,
und jetzt können sie Formen und Umrisse
erkennen.

Wir haben also erkannt, dass sehr viel in
unserem Leben durch vorprogrammierte
Verhaltensmuster, Prägungen und von
verschiedenen Ursprungs verbreiteten Ängsten
beeinflusst ist. Wir haben vielleicht bereits
gemerkt, dass diese fremdbestimmten
Einflüsse unser Leben bestimmen. Dass

unsere wahren Bedürfnisse dadurch unterdrückt werden, weil wir glauben, dass diese Programme, die uns genau vorschreiben was richtig, sicher, vernünftig, sinnvoll, intelligent, normal, logisch, verantwortungsvoll, usw. ist, die Realität sind.

Es ist aber schon ein wesentlicher Schritt vollbracht worden, indem wir unsere Programme als solche erkannt haben. Wir wissen, dass es nur Programme sind und wir wissen, dass man Programme verändern oder austauschen kann! Dass sie nur solange Realität sind, wie ich sie als solche sehe und in mein Leben integriere! Was hindert uns also noch an einer Transformation in ein glückliches, mir entsprechendes Leben, wo sich meine Bestimmung entfalten kann?

Unsere Gewohnheiten, die Angst vor Veränderung und die Angst vor etwas Neuem. Der Verstand, der sehr eng mit unseren Programmen und Prägungen, aber auch mit unserer Lebensgeschichte, die auch sehr prägend sein kann, zusammenarbeitet und uns rund um die Uhr voll quatscht und alles besser weiss.

Wo stehe ich an, bei der Umsetzung einer Veränderung

Es gibt ja immer so vieles, das genau und präzise begründet, warum wir etwas nicht verändern wollen. Nehmen wir einmal an, aus meinem Herzen habe ich mich entschieden, dass ich nicht mehr die Arbeit weitermachen will, die ich ausübe, dass ich selbstständig werden möchte, indem ich selber ein Geschäft eröffne, mit meinen Kunstgegenständen und Malereien. Meine Sehnsucht zu tun, was ich leidenschaftlich gerne mache, und diese Tätigkeit in einem selbstständigen Beruf zu realisieren, wächst immer mehr in mir. Bereits die Vorstellung als Hauptbeschäftigung zu malen, zu modellieren und vielleicht auch Malkurse anzubieten, erweckt in mir ein Gefühl der Freude.

Meine derzeitige berufliche Tätigkeit ist aber ganz ein anderes Gebiet. Ich arbeite in einer grossen Kosmetikfirma als Gruppenleiterin, die die Aufgabe hat, Mitarbeiter zu coachen, damit sie mit dem Verkauf der Kosmetikprodukte erfolgreich sind und viel Umsatz machen. Wenn ich von meiner Arbeit nach Hause komme, bin ich meistens so ausgelaugt, dass ich kaum mehr etwas unternehmen mag, sondern nur energielos schnell etwas esse, und bald danach schlafen gehe. Der ganze

Druck von oben, der mich dazu bringen möchte noch grössere Umsatzzahlen zu erreichen, den selben Druck den ich auf meine Gruppe von Beraterinnen ausüben sollte, die langen, hektischen Präsenzzeiten, ... all das wird mir zu viel und ich fühle mich nicht mehr wohl dabei. Es fängt sogar an, mir zu missfallen, was ich in diesem Beruf zu tun habe. Umso mehr steigt gleichzeitig die Sehnsucht meinen Traumberuf zu verwirklichen.

Was glaubt ihr, was unser Verstand uns nun predigen wird? Ich gebe hier ein Beispiel, das durchaus der Realität entsprechen könnte: - Was glaubst du eigentlich, bist du nun total übergeschnappt? Du denkst jetzt einfach, dass du von heute auf morgen dein Hobby zu deinem Beruf machen kannst? .. und du weisst ja selber wie brotlos diese Tätigkeit ist ... Künstler, dass ich nicht lache! Und für so etwas Unvernünftiges würdest du noch deinen sicheren Job an den Nagel hängen? Mit all den Sozialleistungen, Altersvorsorge, bezahltem Urlaub, sicheres und gutes Einkommen!!! Du kannst dich gleich sofort mit deiner Schnapsidee beim Sozialamt anmelden. Was denken wohl deine Verwandten und Freunde von dir, wenn du so etwas machst? Ich glaube du hast sie wirklich nicht mehr alle! -

So würde sich wahrscheinlich der Verstand als eine innere Stimme zum Ausdruck bringen.

Jetzt, nachdem ich meinem Verstand zugehört habe, fühle ich mich fast beschämt, aber auch schwermütig bis traurig, eine so unrealistische Idee gehabt zu haben und trotz dem fühlt es sich als eine unerfüllbare Sehnsucht an. Ich versuche es zu vergessen, indem ich mich ablenke mit kleinen Freuden wie einkaufen gehen, ausgehen, ein paar Drinks,... Als ich aber das nächste Mal ein neues Bild beginne, das ich schon lange realisieren möchte, ist die Sehnsucht diesen Traum umzusetzen wieder da. Ich fahre zu einer Freundin und erzähle ihr von meinen Sehnsüchten, mein Unwohlsein im Job und auch meine Idee selbstständig zu werden. Die hört mir liebevoll und interessiert zu, berührt mich an meinen Schultern, verdreht ein wenig ihre Augen, nimmt einen tiefen Atemzug und sagt mir folgendes. „Oh, das ist wieder mal typisch du. Das kann ja nur dir in den Sinn kommen. Weisst du ich mag dich zu gut, dass ich dich für diese Idee unterstützen würde; du hast jetzt in deinem Beruf so Karriere gemacht, du hast es wirklich geschafft und willst das für etwas aufgeben, das sehr unsicher ist. Ich finde deine Kunst sehr gut, du hast wirklich Talent; aber du weisst ja selber wie unsicher und brotlos das sein wird. Sicher hast du nur eine Krise und bald gehst du noch in die Ferien. Danach geht es dir wieder besser, und du wirst nicht mehr solche unrealistischen Ideen haben."

Ganz betrübt gehe ich nach Hause und gebe nun schweren Mut zu, mein Verstand hat absolut recht!

Eine ähnliche Geschichte habe ich schon ein paar Mal erlebt in meinem Leben und es war jedes Mal ein riesiger Kampf zwischen Kopf/Verstand und meinem Herzen. Wir sagen immer allen Kursteilnehmer, dass sie ihrem Herzen folgen sollen, damit sie ihre Bestimmung in diesem Leben umsetzen können; oder ihren Seelenweg finden. Aber warum laufen diese Geschichten meistens so ab, dass der Verstand gewinnt?

Oder wenn das Herz gewinnt, sind alle gegen uns, und wir befinden uns in einem schweren Zweifel.

Dazu eine Geschichte aus meinem Leben: Ich war frisch von meinem Exmann getrennt, musste sofort einen Job finden, da ich nur das absolute Minimum an Unterstützung für unsere damals acht jährige Tochter erhielt. Vorher half ich im Geschäft und war Mutter und Hausfrau. Ich fand einen Job in der Kosmetikbranche als Beraterin im

Aussendienst, wo ich Kunden betreute. Der Lohn war Umsatzabhängig, und ich musste mich zuerst noch einschulen lassen. Ich wählte diesen Job, da er mir erlaubte, meine Arbeitszeit selber einzuteilen und je nach Umsatz einen relativ guten Lohn zu erreichen. Das brauchte ich, da es ausser meiner acht jährigen Sarah und mir auch noch ein drittes Teammitglied gab: meine damals neun jährige Stute Noelle. Sie wollte ich um keinen Preis weggeben müssen, da sie uns sehr viel bedeutete. Zur gleichen Zeit, als ich an einem Wochenende auf einem Springturnier für Pferde war, traf ich eine Frau, die ich flüchtig kannte. Sie kam auf uns zu und sprach mich an, als hätte sie mir etwas Wichtiges zu sagen. Sie schaute mich und meine Tochter sehr auffordernd an und sagte, dass sie für ihr Pony dringend neue Besitzer brauchen würde; es sei ein ganz tolles, liebes, süsses Pony, das von ihren Kindern nicht mehr geritten würde und jetzt total gelangweilt und fast krank sei davon. Sie sagte zu meiner Tochter, dass sie das richtige Mädchen wäre für ihr süsses Pony, und dass sie uns Paddingtonbear, so war sein Name, schenken würde! Bingo! Das war's: für die kommende Zeit gab es nur noch den einen Dialog von meiner Tochter, den ich mir jede freie Minute anhören musste: „Mami! Wir müssen dieses Pony zu uns nehmen! Wir

müssen ihm das Leben retten ... er wird sonst sterben!!! Wir bekommen ihn ja geschenkt?!"
... Dass dieses süsse Pony aber die Grösse eines Kleinpferdes hatte und somit den gleichen Unterhaltspreis wie ein Pferd kostete... das musste ich ihr noch erklären und auch, dass es mit unseren Finanzen nicht gut aussieht! Ca. zweieinhalb Wochen später, nach einem intensiven Kampf zwischen meinem Herzen und meinem Verstand, der total durchzudrehen drohte, stand süsses Pony Paddington Bear in einer Box neben meiner Stute Noelle und von da an waren wir zu viert. Von überall, rechts und links, Freunde, Bekannte, Familie, alle kamen sie und teilten mir ihre weisen Gedanken mit wie: hast du dir alles gründlich überlegt, wie du das hinkriegst in deiner Situation, du hast ja schon ein Pferd, und deine finanzielle unsichere Lage! Meine Güte, das kann ja nur schiefgehen!

Ich konnte es fast nicht mehr hören, da ich ja selber meine Zweifel hatte. So entschied ich mich für folgendes: Ich wollte dieses Pony, ich war mir sicher, dass dies die richtige Entscheidung sei; ich malte mir aus wie viel Umsatz ich machen werde mit dem Kosmetik-Verkauf, und dass der entsprechende Lohn für uns alle reichen würde. Es funktionierte und wir hatten mit unseren Pferden so wertvolle Erlebnisse in all den Jahren in denen sie mit uns waren, wir verbrachten sehr viel Zeit draussen in der Natur, wir lernten so viel von ihnen, Pferde sind ganz edle und feinfühlige Herzenswesen; es war so schön, ich behaupte sogar, dass Pony Paddy Sarahs Wunden von der Scheidung, heilte. Und ich werde mein ganzes Leben dankbar sein, dass damals mein Herz über den Verstand gesiegt hat! Als vierer Team waren wir unschlagbar und glücklich und mit keiner Geldsumme könnte man diese wunderbare Zeit bezahlen!

Unsere Programme eingebrannt auf unserer Festplatte, laufen 24 Stunden pro Tag.

Wir haben gelernt sicher, und so risikolos wie möglich durch das Leben zu gehen und zu überleben. Punkt. Und genau dieses Programm steht ganz vielen Herzenswünschen und Träumen im Wege. Das wisst ihr ja auch bereits; aber es ist immer gut sich wieder daran zu erinnern, dass diese Programme unbewusst laufen und wir uns damit identifizieren und sogar glauben, dass das die Wahrheit ist! Das Ganze wird dann auch durch unsere Bekannten und Freunde stark unterstützt, da sie sich im gleichen Programm aufhalten und uns „retten" wollen. Eigentlich wollen sie sich aber selber retten, da sie sich nicht von uns im Stich gelassen fühlen wollen, indem wir unsere Träume leben, unsere Wünsche wahr werden lassen und nicht den Vernunftweg gehen und leiden, sondern glücklich sind. Sie wollen nicht alleine gemütlich dahinsterben. Es kann sogar sein, ist mir auch passiert, dass die besten Freunde sich plötzlich von uns abwenden, wenn wir unserem Herzen und nicht dem Verstand folgen. Dann heisst es plötzlich: die ist komisch geworden, ich versteh sie nicht mehr, vielleicht schlechter Einfluss, total neben den Schuhen, usw.

Es braucht drei wesentliche Schritte, dem Herzen folgen zu können.

1. Ich erkenne meine Sehnsucht, meine Leidenschaft und schliesslich meinen Herzenswunsch, mich auf meine Art zum Ausdruck zu bringen.
2. Ich weiss, dass sich eine Möglichkeit zeigen wird, damit ich diesen Herzenswunsch umsetzen kann.
3. Ich erkenne mein Programm und stelle es um. Wie man das macht, schauen wir im Thema: „Welche Schritte helfen mir zum Durchbruch" an.

Jetzt schauen sie doch mal zurück in ihrem
Leben: wo habe ich mich von der Vernunft
abhalten lassen?

ÜBUNG:

Hier ein paar Beispiele, in denen die
Vernunft gesiegt hat.

Beschreiben sie warum sie es nicht
umgesetzt haben.

Und jetzt noch ein paar Beispiele, wo ihr Herz über dem Verstand entschieden hat.

Beschreiben sie die Motivation, die sie dazu bewegt hat, über den Verstand zu entscheiden

Wo fehlt es mir an Mut und Unterstützung

Oft hören wir uns selber, oder andere sich beklagen: Ich hatte wieder einmal eine super Idee! Das würde alles verändern und ich/wir könnte/n endlich ..... aber leider sind alle dagegen; ich habe eh nie Unterstützung. Meine Ideen werden gar nicht angenommen und ich stehe immer alleine da: am Besten sage ich nichts mehr. Oder es wäre halt schön, eine Unterstützung zu haben, dann würde ich auch viel mehr umsetzen; aber so ganz alleine. Mich versteht niemanden, das war schon immer so.... Oder was denken wohl die andern, wenn ich .... Ich lass es besser sein. Ich kann doch nicht scheiden wegen den Kindern ... ich habe Angst, dass ich ihnen mit meiner Entscheidung weh tue ... wenn ich das umsetze, denken die ich bin vollkommen durchgedreht...

Lauter Dinge in dieser Art sorgen dann dafür, dass wir mutlos, alleine   dastehen und traurig über die Situation weiter machen wie bis her – das heisst, wir verändern nichts.

Was aber in Wirklichkeit geschehen ist, ist folgendes: Wir haben selber keinen Mut etwas Wesentliches zu verändern. Und nun kommt uns die Gelegenheit sehr willkommen, dass wir vom Aussen keine Unterstützung haben; und wir benutzen es aus Ausrede, weil wir selber nicht den Mut haben dazu. Da können wir wieder einmal unsere uralte Gewohnheit spielen lassen: etwas im Aussen ist schuld, sicher nicht wir!

Natürlich ist es wunderbar einen Partner zu haben, oder gute Freunde, die uns Rückenwind geben und unsere Ideen zur Veränderung unterstützen; aber das heisst nicht, dass sie bestimmen, ob wir uns verändern oder nicht. Diese Entscheidung liegt immer 100% bei uns und braucht immer sehr viel Mut. Wenn wir aber diesen Mut im Aussen, in der Unterstützung von anderen Menschen suchen, liegen wir falsch und machen dann oft eine unschöne, traurige Erfahrung. Wir werden wütend auf die andern, weil wir es wegen ihnen nicht getan haben, oder wir werden wütend auf uns selbst, weil wir uns beeinflussen liessen. Wütend auf uns selber sein, wäre somit schon viel bewusster, ist aber trotz allem eine schmerzliche Erfahrung.

Wo finden wir also Mut und Unterstützung? Es kann sein, dass uns jemand einen Hinweis gibt, der uns auf etwas aufmerksam macht, dass wir uns vielleicht nie zugetraut hätten; aber schlussendlich können nur wir in uns selber die Entscheidung treffen! Indem wir uns, und unserem Gefühl etwas Wesentliches zu verändern in unserem Leben, total und unbeschränkt vertraue. Ich erwähne in allen unseren Seminaren und Kursen, wie wichtig es ist, auf unser Herz zu hören; und das hat nichts zu tun mit Vernunft, Logik, Sicherheit, es muss auch keinen Sinn machen; - das Einzige was da wichtig ist, es muss Freude machen! Freude ist eine Herzenergie, und Vernunft, Logik, Sicherheit kommen aus dem Verstand, der uns immer wieder Grenzen setzt, sobald wir uns erweitern möchten.

Jetzt wissen wir wo wir Mut und Unterstützung finden. Die nächste Frage wäre dann noch wie? – Indem wir uns bewusst werden über unsere Programme und die damit verbundenen Glaubenssätze. Was wir glauben, ist wahr. Glauben wir zum Beispiel, dass es total unvernünftig, unsicher und gefährlich ist was eine entscheidende Veränderung im Beruf mit sich bringen könnte, dann ist das auch so. Wo aber kommt denn diese Angst her? – Aus unseren Glaubenssätzen. Wir haben schliesslich gelernt was sich gehört, dass „Sicher durchs Leben zu kommen" das einzig Wichtige ist, vernünftige und verantwortbare und auch, dass etwas Sicheres aufzugeben für eine „ausgefallene, verrückte Idee" unakzeptabel und dumm ist. Alle haben das gelernt und vertreten, oder verteidigen diese Glaubensmuster. Tritt nun jemand aus diesem global anerkannten Glaubenssystem aus, wird er nicht mehr akzeptiert, oder als «nicht ganz normal» betitelt ... und das ist für viele von uns unerträglich beängstigend, da wir uns am Meisten fürchten ausgestossen zu werden, nicht mehr dazu zu gehören, nicht mehr geliebt zu sein. Und dazu kommt noch die unbeliebte Unsicherheit: was, wenn es nicht so kommt wie wir es uns vorstellen? Wenn wir scheitern? Also ziehen wir den sicheren Weg vor, langweilen uns zu Tode, werden krank, und sterben schliesslich gemütlich dahin.

Sind wir uns aber bewusst, indem wir uns selber beobachten und erkennen, was da für enorm kraftvolle, fremdbestimmte Angstenergien auf uns einwirken und uns an unserer Entfaltung hindern, können wir entscheiden, ob wir diesen Weg weitergehen, oder ob wir auf den Weg des Herzens umsteigen möchten. Wie wir diese Angstmuster auflösen, gehört auch zum Thema: Welche Schritte helfen uns zum Durchbruch? Wichtig ist für das Erste, dass wir die Glaubenssätze erkennen, die uns von wesentlichen Entscheidungen in unserem Leben hindern.

In der folgenden Übung möchte ich gerne, dass sie ihre eigenen Glaubenssätze austesten. Welche erkenne sie bei sich selber? Hier die Liste dazu:

1. Wenn man A sagt, muss man auch B sagen
2. Sicherheit im Leben ist das Wichtigste
3. Es ist wichtig was die anderen denken über mich
4. Ich brauche Garantie, dass es funktioniert
   - einen sicheren Job
   - ein regelmässiges Einkommen
   - eine gute Altersvorsorge
   - eine gute Versicherung

- eine langjährige, sichere Beziehung (Ehe)

Und jetzt die Glaubenssätze die verneinend zu einer Situation stehen:

5. Wünsche und Träume verwirklichen ist eine Illusion
6. Scheiden ist eine Schande
7. Kündigen ist peinlich
8. Sich gegen andere durchzusetzen ist egoistisch
9. An sich denken ist egoistisch
10. Das Leben ist hart

11.   Die Reichen sind nicht ehrlich
12.   Vertrauen ist gefährlich
13.   Das ... kann ich sowieso nicht
14.   Geld macht nicht glücklich

Also wir sehen nun, wo es uns an Mut und Unterstützung fehlt: nur wir selber können den Mut aufbringen etwas zu verändern, oder etwas zu tun was im Aussen nicht gut ankommt, (nicht ins grosse Feld der Angstmuster passt). Nur wir selber können uns dabei unterstützen es wirklich zu tun! Haben wir es aber getan, fühlen wir die Lebenskraft und die Verbindung zum Herzen und es macht uns glücklich, dass wir es getan haben, weil es der Weg unseres Herzens ist! ... Dieses kraftvolle Gefühl der Freude, heilt dann auch unsere Wunden im Emotional-Körper; es entgiftet uns und wir haben immer mehr das Bedürfnis in Liebe und Freude zu leben; dies kann sich dann auf andere Menschen auswirken und sie nehmen uns als Beispiel und bewundern und folgen uns in ein glückliches Leben.

Eine wunderschöne Geschichte von einem meiner wichtigsten Lehrer Ananda Giri dazu:

Die Geschichte vom goldenen Adler

Es lebte einmal in einem kleinen Dorf ein Holzschnitzer. Der ging jeden Tag in den Wald, sammelte Holz, um damit die verschiedensten Sachen zu schnitzen, die er dann im Dorf verkaufte.

Auf dem Weg von seinem Haus zum Wald, beobachtete er immer einen wunderschönen goldenen Adler, der hoch über ihm kreiste. Er dachte sich immer, wie wundervoll es sein muss so hoch oben fliegen und segeln zu können. Mit der Zeit wurde er neidisch auf den Adler und dachte sich aus, wie er ihm schaden könnte.

Er fand etwas später heraus, wo sein Nest lag und kletterte bis zu dem Felsvorsprung hoch. Im Nest befand sich sein Ei. Das nahm er mit, und ging wieder in das Dorf zurück. Dort legte er das Ei in den naheliegenden Hühnerstall und ging nach Hause.

Als die Zeit gekommen war und das Adlerbaby ausschlüpfte, wuchs dieser kleine auf wie ein Huhn. Er lernte sich zu verhalten wie alle anderen Hühner, pickte Körner, gackerte wie sie und verhielt sich genauso wie die Mutter Henne es allen Küken vormachte.

Eines Tages, als er schon etwas älter war, verspürte er in sich einen starken Drang zu fliegen. Der kleine Adler fragte seine Mutter Henne um Rat. Er erzählte ihr, dass er den grossen Wunsch in sich spürt fliegen zu lernen. Die Henne lachte ihn aus und sagte zu ihm, dass er ein Huhn sei und nie fliegen lernen könne. Enttäuscht und traurig darüber zog er sich zurück.

An einem schönen Tag, als die Hühner am Körner picken waren, kreiste seine richtige Adlermutter über dem Hühnerstall und sah den kleinen Adler. Sie näherte sich den Hühnern und alle rannten kreischend davon; so auch der junge Adler. Die Adlermutter sagte zu dem kleinen: «warum fliegst du nicht?» Der kleine sagte: «Ich kann nicht fliegen, ich bin ein Huhn!» Da sagte ihm die Adlermutter: «Natürlich kannst du fliegen! Du bist ein Adler, so wie ich.» Der kleine fragte ganz aufgeregt: Oh, was muss ich den tun um fliegen zu können?» Die Adlermutter sagte: «Einfach die Flügel stark bewegen, ausspannen und schon bist du in der Luft, ich zeig es dir.» Der kleine befolgte genau die Anweisungen von seiner Mutter und er konnte endlich fliegen.

Hätte seine Adlermutter ihn nicht gefunden und ihm gezeigt wie er fliegen kann, hätte er sein Leben als Huhn im Hof verbracht; mit dem sehnlichen Wunsch fliegen zu können. Aber er hätte geglaubt, dass er das nie verwirklichen kann. Obschon er ein goldener Adler ist.

So brauchen wir manchmal auch jemanden der uns zeigt, dass es möglich ist unsere innigsten Wünsche zu realisieren. Und den Mut aufbringen die Gewohnheit als Huhn zu transformieren; weil wir vielleicht nur geprägt worden sind, dass wir das nicht können!

Wie können wir uns motivieren?

Es gibt nur eine wirkliche Motivation: „und das ist **Freude haben!"** Und es braucht eine Vision!

Es ist bereits einmal klar, dass unser „Herzenswunsch" etwas zu tun, zu verwirklichen, umzusetzen, ganz sicher mit Freude zu tun hat. Also gelingt uns diese Verwirklichung, freut uns das sehr!

Haben wir unsere Ängste überwunden, uns entschieden uns nicht mehr beeinflussen zu lassen, trotz einigen Widerständen und „Gegenwinde" im Aussen unsere Idee, Berufung, Tätigkeit, … umzusetzen, gibt das ein Gefühl der Stärke im Sinn von „ich bin stolz auf mich" oder „das habe ich gut gemacht" … ich habe es geschafft, den Mut dazu aufgebracht. Und auch das gibt ein sehr befreiendes Gefühl und es freut uns, dass wir ein wesentliches Ziel in unserem Leben erreicht haben.

...und jetzt kommt noch eine grosse Motivation, eigentlich die grösste und stärkste von allen. Wenn wir durch die Verwirklichung unseres Herzenswunsches andere glücklich machen können, ihnen helfen bessere Lebensqualität zu erreichen, sie zu begeistern, usw., dann erleben wir wirkliche Freude; das ist dann die Freude, die wir in unsere Tätigkeit reingebracht haben, um ein Vielfaches multipliziert und auf uns zurückkommend. Das bringt uns auch den Erfolg, der dann die Motivation noch steigert. Es ist also immer von grossem Vorteil, mit dem erfüllten Herzenswunsch andere daran teilnehmen zu lassen, oder Freude auf eine Art weiter zu geben, oder sich ganz einfach nur die Frage zu stellen: Wie kann ich durch meine Tätigkeit anderen etwas zu liebe tun? Was kann ich teilen, geben, auslösen, mitteilen, bewegen, verbreiten, usw. ... Das wirkt dann wie Magie und dem Erfolg und der riesigen, vervielfachten Freude steht nichts mehr im Weg. Wir erleben dann auch die Verbundenheit und die Beziehung die wir zu allem haben. Wir sind nie alleine mit einer Idee

und deren Verwirklichung. Es braucht immer
viele andere die dazu beitragen, dass unsere
Idee verwirklicht werden kann. Dieses Buch
das ich hier schreibe, kann ich nur
verwirklichen, weil es den Computer, den
Verlag, das Papier, und das Drucksystem gibt.
Gehe ich zum Beispiel nur einmal zu dem
Papier, dann gibt es die Fabrik, die das Papier
herstellt, es aus einer Pflanze gewinnt die ein
Bauer angepflanzt und geerntet hat, die Erde,
auf der die Pflanze gewachsen ist, die Sonne in
unserem Universum, der Regen,... ein
Transport der es zu der Fabrik bringt, die
Strasse auf der der Transport fährt, usw.
unendlich sind wir mit allem verbunden und
nichts wäre so wie es ist, wenn nicht diese
verbindlichen Aktionen vorausgegangen und
erfunden worden wären. Wenn nicht die Erde,
das Universum so viel Wunderbares
ermöglichen würde. Dieses Bewusstsein, mit
allem verbunden zu sein, oder nicht getrennt
und alleine zu sein, öffnet ein neues
Verständnis ausserhalb von Konflikten wie
Konkurrenz, oder Verlustangst, Neid,
Missgunst usw.

Die Motivation beginnt also mit der Vision,
dann folgt die Aktion, es umzusetzen. Ganz
Wichtig ist der Zustand, indem wir uns
befinden, wenn wir in die Aktion gehen. Und

hier, im nächsten Kapitel ein paar wichtige Hinweise, damit es zu dieser Aktion kommen kann.

Welche Schritte helfen mir zum Durchbruch?

Wir wissen jetzt, dass wir die wirklichen Herzenswünsche einmal zuerst erkennen müssen und gleichzeitig sind wir uns bewusst, dass es immer einen Weg gibt, sie zu realisieren.

Wir wissen auch, dass das einzige, das uns am Umsetzen hindern kann, wir selber sind.

Wir sind uns auch bewusst, dass alles von aussen, das Widerstand zu unserer Idee darstellt, nichts mit uns zu tun hat, sondern nur das grosse Feld der Sicherheits- und Normstruktur unterstützt das leider aus einer Kette von uralten Angstmustern entstand.

Wir wissen, dass wir durch diese Angstmuster auch geprägt wurden und dass diese Programme somit auch auf unserer Festplatte laufen.

Wir sind uns bewusst, dass eine Aktion aus einem wunderschönen Zustand voller Freude sich ganz anders manifestiert, als wenn die

Aktion aus einem Zustand der Unsicherheit, oder Angst entsprungen ist.

Wenn wir dem allem bewusst sind, haben wir schon mal wesentliche Schritte getan, die uns zum Durchbruch helfen!

Jetzt geht es darum, das Programm, das da läuft zu erkennen. Dazu helfen jetzt die Glaubenssätze, die durch die Übungen davor zum Vorschein kamen, und die wir am Auflösen sind. Die weisen uns jetzt präzise auf den Punkt der Programme hin, und den damit verbundenen Ängsten und somit den Blockaden.

Haben wir das alles entdeckt, nehmen wir uns einen Moment Zeit:

Übung dazu:

Wir setzen uns hin, schliessen die Augen und werden ganz still.

Die Aufmerksamkeit geht zum Herzen und bleibt so lange dort, bis wir ganz ruhig und voller Friede sind. Tief atmen...

Dann gehen wir in Gedanken zu unserem Programm (zum Beispiel Verlustangst) und sagen still für uns selber folgendes: Hallo Programm, du hast mich ein ganzes Leben begleitet und mich im Glauben gelassen, dass du die Realität bist. Du bist die Realität vieler Menschen, die auch dieses Programm haben und viele Generationen zurück hatten sie auch dieses Programm und somit bist du für all diese Menschen Realität. Du hast das volle Recht auch bei mir abgespeichert zu sein. Ich nehme dich auch liebevoll an. Tief ein und ausatmen.

Es ist auch klar, dass du als Programm, aus Angst entstanden in mir aktivierst, dass diese Angst wieder ausgelöst wird. Diese Angst hat das volle Recht hier zu sein, ich nehme sie liebevoll an. Tief ein und ausatmen. Dann sagen wir:

Liebe Angst, liebes Programm es ist nun an der Zeit, dass ich mich von euch verabschiede, da ich mich entschieden habe, angstfrei in Licht und Liebe meinen Weg zu gehen.

Jetzt nehmen wir die Angst und das dazugehörige Programm, packen es ein in eine Licht- und Liebekugel und schicken es ins Universum.

Teil 2 der Übung:

Damit wir uns vollständig von Programmen und dazugehörigen Ängsten befreien können, hier noch eine weitere Übung, die ich gechannelt bekommen habe: Wir sagen zu uns selber, auch wieder mit geschlossenen Augen und im Herzenszustand:

Dazu gehe ich in die Familiengeschichte meiner Eltern:

Ich lasse altbekannte Gefühle und Gedanken in mir aufkommen, während dem ich an sie und die Zeit mit ihnen denke. Tief ein und ausatmen.

Wie ein Film, der vor meinem inneren Auge abgespielt wird, tauchen jetzt Bilder und Szenen aus dem Leben meiner Mutter und aus dem Leben meines Vaters auf. ... die Bilder gehen zurück in die Jugend und Kindheit, bis zu ihrer Geburt... ich nehme einfach alles wahr, was da abgespielt wird; auch die schmerzhaften Erfahrungen, Gefühle und Ängste, die damit verbunden sind, bis ich bei ihrer Zeugung angekommen bin. Ich lasse auch da Bilder kommen, ohne mich zu fragen, ohne in meinen Verstand zu gehen.

Danach wünsche ich ihnen alles Liebe.

Jetzt bin ich im Leben meiner Grosseltern angekommen. Auch hier lasse ich Bilder, Gefühle, schmerzhafte Erfahrungen, Ängste vor meinem inneren Auge vorbeiziehen, und nehme es einfach wahr. Kommen unklare, oder sogar keine Bilder, ist das total in Ordnung. Ich wünsche ihnen, wo auch immer sie sind, das allerbeste und viel Freude.

Ich gehe auch von hier zurück in der Zeit, bis ich bei meinen Urgrosseltern angekommen bin und von hier aus, lasse ich aus der Stimmung der Gefühle, die sich bei mir bis jetzt angesammelt haben, Bilder meiner Ahnen an meinem inneren Auge vorbeiziehen... und ich merke jetzt auch, dass es wie eine Schnur bestehend aus denselben Ängsten und Leiden, Generation um Generation weitergegeben wurde. Tief atmen .... Ich realisiere, dass sich immer alles, dem Zeitgeist entsprechend, wiederholt hat und weitergegeben wurde. Ich merke, dass meine Ängste dieselben meiner Ahnen sind ... weit in der Zeit zurückgehend, bilden sie eine Geschichte mit den dazugehörigen Ängsten und Leiden. Ich habe es gesehen, gefühlt und wahrgenommen. Sie sind stark und gross und haben mich immer beeinflusst in meinem Leben. Sie sind ein Teil von mir selbst.

Tief ein und ausatmen.

Ich stelle mir nun diese Geschichten als einen ganzen Film mit all seinen Schauspielern die da mitgespielt haben vor, ich natürlich inbegriffen. Alles was ich vorhin gesehen, gefühlt, erfahren habe, packe ich mit rein.

Ich visualisiere, dass ich nun mit meinem heutigen Bewusstsein in diesen Film reingehe und ihn neugestalte. Ich gehe rein und teile allen beteiligten folgendes mit:

Meine lieben Ahnen, meine Familie, ich habe euch etwas Wunderbares mitzuteilen. Die Zeit des Leidens und der Ängste ist vorbei. Die Zeit der Liebe, der Freude und des Lichtes hat nun angefangen. Ich werde mit euch nun ein Ritual machen, wobei ihr von euren Ängsten befreit, und von euren Leiden geheilt werdet.

Ich gehe nun an einen wunderschönen Ort, am besten irgendwo draussen in die Natur. Ich stelle mir diesen Ort mit meinem inneren Auge vor. ... tief atmen, ganz ruhig....

Ich bitte alle Ahnen, sich um mich herum zu versammeln, und dann sage ich zu ihnen: Herzlich willkommen und vielen Dank, dass ihr da seid. Heute ist ein ganz besonderer Tag, der mir die Ehre gibt mit euch zusammen in eine neue Zeitepoche zu gehen.

Die Zeit des Leidens, der Konflikte und der Ängste ist vorbei! Wir bereiten uns nun vor, eine neue Zeit zu beginnen, in der unser Leben durch Licht, Liebe und Freude geprägt wird.

Ich bitte euch einen Kreis zu machen und in der Mitte dieses Kreises entfachte ich ein grosses Feuer. Gemeinsam bringen wir nun unsere Ängste, unsere Befürchtungen und schmerzhaften Erfahrungen zu diesem Feuer und verbrennen sie. Jeder macht das in seinem Rhythmus auf seine Art. ...

Der Rauch steigt in den Himmel und löst das Leiden mit all seinen Ängsten auf. – und jetzt seid ihr alle herzlich eingeladen, ein inniges Gebet zu sprechen:

Ich bedanke mich bei all meinen Ahnen, dass ich durch sie die wunderbare Erfahrung auf dieser Erde machen kann.

Ich bedanke mich für alle Erfahrungen, durch die ich wachsen und bewusstwerden darf.

Ich bedanke mich bei der Erde, die mich unterstützt und ernährt.

Ich bedanke mich bei dem Kosmos, der mir erlaubt, zu dieser Zeit eine so wunderschöne Erfahrung zu machen, die mir diese Gelegenheit gibt, zusammen mit meinen Ahnen, Schmerz, Leid, und alle Ängste aufzulösen und in Licht, Liebe und Freude zu transformieren.

Ich lade euch nun herzlich ein, diese kommende Zeit voller Freude zu geniessen und von allem, was euch bedrückt oder geschmerzt hat für immer zu befreien!....   NAMASTE.

Diese Übung ist sehr kraftvoll und wir können sie, sobald ein weiteres Programm entdeckt wird, das uns auf unserem Weg hindert, anwenden. Was auch erwähnenswert ist, wir lösen damit die ganze Geschichte dieser Programme auf, indem wir Kontakt zu unseren Vorfahren aufnehmen, und   somit zurück in den Ursprung dieser Programme gehen, und so ist die Auflösung viel effektiver! Wir können uns folgendes vorstellen: Vor langer Zeit, viele Generationen zurück, hatte einmal jemand die Idee, dass ein Mann und eine Frau die sich lieben, heiraten sollten und sich vor Gott ewige Liebe und Treue versprechen, bis der Tod sie scheidet. Diese Idee wurde als gutgeheissen, und verbreitet. Vor allem die Kirche profitierte nun davon. Aus dieser Idee entstand ein grosses Feld und wenn sich nun jemand nicht daranhielt, sich also scheiden liess, wurde er oder sie aus der Gesellschaft und der Familie ausgestossen, der Schuldige musste bezahlen, wurde von der Kirche als Sünder geheissen und als schlechten Menschen verurteilt. Es gibt noch immer ganz viele unglückliche Ehen aus diesem Grund, die aus Angst bei der Gesellschaft nicht mehr anerkannt zu sein, oder sich einfach aus einem für sie selber unerklärlichem Grund schlecht fühlen würden, zusammenbleiben. Zum Beispiel bei einem Mann der dem Alkohol verfallen ist, oder die Frau wird geschlagen, oder sie blieben zusammen wenn die Frau sich total gehen lässt, unzufrieden ist und alles vernachlässigt, oder fremd geht, aber auch Partnerschaften, bei denen sich zwei Menschen total auseinandergelebt haben, sich nicht mehr verstehen... es tönt jetzt nach einem veralteten Thema, das heute nicht mehr aktuell sein mag; aber es ist noch immer tief in unserem Unterbewusstsein gespeichert und wirkt dort immer noch auf uns ein. Ganz selten gibt es eine friedliche Scheidung. In den meisten Fällen ist eine Scheidung voller Verletzungen und Missgunst. Da jeder versucht zu rechtfertigen, warum sie sich als Paar trennen und die Schuld dem andern übergeben wollen. Warum ist das denn so? – Weil das schlechte Gewissen der Schuldige an einer Scheidung zu sein, immer noch ganz tief verankert ist und ganz grossen Einfluss auf uns und unsere Gefühle hat. Wir haben Angst als Schuldiger da zu stehen und ausgestossen zu werden, verurteilt zu werden, böse zu sein, nicht mehr liebenswert zu sein.... Also schauen wir, dass wir die Schuld dem andern übergeben können, damit wir (unschuldig) und bedauernswert dastehen. Weil das Feld ist ja so aufgebaut worden, dass der Schuldige böse ist, und der Unschuldige der Arme bemitleidende, dem man helfen sollte in dieser schweren Zeit. Da kommen natürlich jetzt noch die ganzen Anwälte und Richter als begünstigte dazu. Die machen auf Grund den Schuldigen zu finden, einen grossen Profit; es gibt auf dieser Branche professionelle Spezialisten, die nur mit Scheidungsfällen grosses Geld machen. Noch nicht vor langer Zeit, war dem Schuldigen das Sorgerecht bei Kindern entzogen worden, und der Schuldige musste auch mehr bezahlen. Meine eigene Scheidung liegt nun fast zwanzig Jahre zurück, aber ich musste erfahren, dass meine Eltern mich wissen liessen, dass wenn ich mich scheiden lasse, ich nicht mehr ihre Tochter sei; und sie brachen den Kontakt zu mir vollständig ab. Nach drei Jahren bekam ich dann von ihnen einen Versöhnungsbrief und später einmal trafen wir uns wieder. Ich war natürlich tief verletzt und konnte ihnen damals nicht verzeihen, da sie zu dem Zeitpunkt der Scheidung nicht einmal bereit waren, mich anzuhören warum ich eigentlich scheiden wollte. Es ging ihnen also nur um ihre eigene Interpretation, die von diesem

Programm, das noch aus der Bibel stammt, sehr stark geprägt war. Ihre heile Welt, eine „glücklich" verheiratete Tochter mit Häuschen und einem Grosskind, wollten sie um keinen Preis hergeben. Auch die Vorstellung den „andern" sagen zu müssen, unsere Tochter ist jetzt geschieden, war für sie unerträglich und mit Scham belastet. Sie fühlten sich so schlecht, die Eltern einer geschiedenen Tochter zu sein, dass sie mit mir nichts mehr zu tun haben wollten.

Ihr seht also, wie unglaublich machtvoll eine solch verbreitete Information, ein aufgebautes Energie-Feld sein kann, wenn man es als «Real» annimmt. Entstanden aus einer Idee von einer Organisation, die davon profitiert indem sie z.B. sehr reich wird, und die eine Illusion gut an den Mann, oder Frau bringen konnte. Sie mussten nur ein einziges gut funktionierendes Werkzeug benutzen: den Menschen «Angst machen», oder sie unter Druck setzen. Und es gibt so viele ähnliche Beispiele, die auf diese Art entstanden sind: das Schul-und Bildungssystem beharrt immer noch auf Leistungsdruck auf Kosten der Gesundheit von Kindern und Jugendlichen. Es wird geraten sich impfen zu lassen, von Grippen-Vieren die komischerweise über ein halbes Jahr im Voraus bestimmt werden können?? Hunde müssen alle 1-3 Jahre geimpft werden, (sonst dürfen sie nicht über eine Landesgrenze z.b. Schweiz-Italien), obschon man nachweisen kann, dass erstens der Virus «Tollwut» in beiden Ländern gar nicht mehr aktuell ist und zweitens die Grundimpfung das Tier ein ganzes Leben, 12-14 Jahre schützt. Und das gilt für fast alle anderen Impfungen auch, bei denen zum Teil eine jährliche Wiederholung empfohlen wird. Aus verschiedenen Quellen und aus dem Forschungsbereich hat man Beweise, dass die Überimpfung bei Haustieren gesundheitsschädlich und zum Teil sogar zum Tod führen kann. Ich habe kürzlich einen wissenschaftlichen Bericht von einem Tierarzt, auf einem YouTube über diese Überdosen von Impfungen bei unseren Haustieren, auf Facebook gepostet. Ich bin mit über 200 Hunde- und Katzenbesitzern, auch Hundezüchter, befreundet; aber nur eine einzige Person aus der USA hat sich dazu geäussert, den Bericht «geliked» und geteilt. Eine Rhodesian Ridgeback Züchterin aus dem Tessin, interessiert sich bereits seit langer Zeit auch sehr für dieses Thema und macht sich grosse Sorgen. Alle andern wollen anscheinend nichts davon wissen; im Glauben, dass regelmässig und viel Impfen gut ist für ihre Lieblinge und sie sicher nicht krankmacht oder umbringt. Diese Falschinformation, dieses Feld hat sich also ganz gut in unser System integriert. Dann kommen noch all die Giftstoffe, die in unseren Lebensmitteln drinnen sind, so wie auch die Insekten- und Unkrautvernichtungsprodukte die hoch giftig sind und trotzdem werden sie weiter angewendet, die unwürdigsten Verhältnisse der Tierhaltung für Milch- und Fleischproduktion, Tiere und Hühner müssen ein gequältes da sein auf engstem Raum verbringen, voller Antibiotika, da sie sonst Krankheiten verbreiten; wobei man im Supermarkt ein Plakat von glücklichen Tieren auf einer saftigen Bergwiese zu sehen bekommt. Dann gibt es der saubere Abgastest (Beispiel Diesel), ... usw. Liebe Leser, wenn ihr das liest, kommen euch sicher noch mehr Beispiele in den Sinn. Bei denen wir uns fragen müssen, ob wir das einfach so glauben, annehmen und verantworten dürfen?! All diese Beispiele werden von machtvollen Organisationen verbreitet, die noch machtvoller und reicher werden wollen und denen jedes Mittel recht ist. Alle haben sie etwas gemeinsam: sie operieren mit «Angst machen» und «Druck ausüben», und sie verbreiten Lügen. Über eine lange Zeit baut sich ein riesiges Feld auf und wir glauben, dass dies in Ordnung sei. Diese angenommenen Wirklichkeiten haben dann einen grossen Einfluss auf unser Leben. Hier muss man sich vielleicht auch die Frage stellen, wer an solchen künstlich hochgespielten Falschinformationen alles profitiert? Anwälte, Kirchen, grosse Firmen, Pharmaindustrie, Ärzte, Politiker? Diese druckausübende Art versetzt die Menschen in Stress und Angst, das schwächt sie, sie werden viel leichter manipulierbar und machen schön brav was das System von ihnen will. Die magische Kraft der Medien wird hierfür stark eingesetzt. Medien verbreiten künstlich erschaffene Meinungen und Bilder, die in einem wachbewussten Zustand der Menschen aufgenommen werden. Diese werden dann durch innere Reflexionen in die Welt der Realität transportiert, wobei Emotionen das ganze um ein Vielfaches verstärken. Es spielt keine Rolle, ob wir einen Artikel in einer Tageszeitung für glaubhaft halten, oder uns damit identifizieren können. Die durch das Lesen aufkommenden Emotionen dienen nämlich als Verstärkungsfaktor für den Prozess der Manifestierung.

Nehmen wir einmal das Fluor, das man in fast jede Zahnpaste als Zusatz dazu gibt. Dass es eine **hervorragende Kariesprophylaxe** sei. So soll es die Kariesfälle um etwa 40 Prozent verringern, wie der zahnmedizinische Lehrstuhlleiter Stefan Zimmer in einem Spiegel-Interview erklärte. In einer entsprechenden Dosis, wirkt Fluorid ähnlich einem Nervengift. Es soll dem Gehirn schaden, ebenso wie Zähnen und Knochenbau, auch wenn dies derzeit nur in Extremfällen belegt ist. Es ist wissenschaftlich begründet worden, dass Fluor die Zirbeldrüse angreift, indem sie langsam verkalkt. Die Zirbeldrüse ist verantwortlich für alle feinfühligen Sinne, wie Intuition, ausserkörperliche Wahrnehmung, Vision, alle sensibilisierten, medialen Wahrnehmungen, die in jedem von uns vorhanden sind, brauchen die Unterstützung von unserer Zirbeldrüse. Ein Beispiel dazu, das sie sicher auch schon erlebt haben. Wir denken an jemanden, das Telefon klingelt und dieser jemand ist dran. Oder wir fahren mit dem Auto los, wir denken an Polizeikontrolle, merken dass wir noch nicht angegurtet sind, und holen das schnell noch nach. Ein paar Minuten später, fahren wir in eine Polizeikontrolle. Das können auch noch andere Wahrnehmungen sein; was uns erwartet in der Zukunft, ob jemand eine ärztliche Kontrolle machen sollte, ob jemand in Gefahr ist, ob eine Entscheidung gut ist, oder nicht, wir können wahrnehmen was der andere gerade denkt, usw. es gibt viele Dinge, die wir mit unseren feinfühligen Sinnen wahrnehmen können. Um diese Sinne zu trainieren, gingen Rolf und ich manchmal in ein Spielcasino und dann spielten wir am Roulett-Tisch. Wenn wir gut drauf waren, Zahl und Farbe voraussagen konnten, war diese Übung sehr lukrativ. Was wir uns aber fragen sollten ist: wer ist so interessiert daran, unsere Zirbeldrüse zu verkalken und ihre Funktion, und somit unsere sensibilisierten Fähigkeiten auszuschalten? Hier möchte ich zwei Bücher von einem sehr bekannten Wissenschaftler und Hirnforscher erwähnen, der genau auf diesem Gebiet geforscht und recherchiert hat. Dieter Broers «der verratene Himmel Rückkehr nach Eden» und sein zweites Buch: «Das Ego im Dienste des Herzens».

Wie wissen wir aber, dass eine Empfindung aufgebaut auf einer Illusion, oder einer Fehlinformation entstanden ist? Indem wir uns folgendes fragen: (ich beziehe mich nun wieder auf das Thema Scheidung) – warum braucht es einen Schuldigen? - Warum möchte ich beweisen, dass ich nicht schuldig bin? – vor was habe ich Angst? - möchte ich gut dastehen? – wieso? – habe ich Angst nicht mehr anerkennt zu sein? – fühle ich mich angegriffen? und spätestens jetzt weiss ich, dass da ein Programm in mir läuft, aufgebaut auf Angst, also eine Illusion, die uns manipuliert dieses Feld aufrecht zu erhalten und ein Teil davon zu sein. Die kurze Antwort auf die Frage ist also: Wenn der Ursprung unseres Empfindens aus der Angst kommt.

Natürlicherweise und ohne solche Manipulationen dahinter, würde eine Scheidung ganz anders ablaufen. Das Paar würde realisieren, dass sie nicht mehr zusammenpassen, dass sie sich auseinandergelebt haben, dass sie mit der Veränderung des einten oder anderen nicht mehr umgehen können, usw. und dann würden sie sich auf eine Scheidung einigen. Es könnte durchaus auch sein, dass der einte betrogen wurde und somit sehr verletzt wäre; aber das wäre dann nicht relevant für die Scheidung, sondern das würde die persönliche Geschichte mit dem bekannten Selbstwertgefühl und der Selbstliebe des Betroffenen angehen. Und der Betroffene müsste die innere Wahrheit zu seinem Leiden bei sich selber finden.

Ein Urverhalten, das uns nicht weiterbringt

Ein weiteres Beispiel, das zurück in den Ursprung des „Menschsein" geht, und uns als

Programm vom Ursprung bis heute begleitet.
Dieses Verhalten ist immer noch so präsent,
dass wir es überall in jeder Altersgruppe, so
wie in den verschiedensten Organisationen,
beruflich, oder privat, in allen sozialen
Schichten beobachten und antreffen können.
Diese Geschichte gab mir den Hinweis dazu.

Ich war sehr aufgebracht, als ich von zwei
Kursteilnehmerinnen erfahren musste, dass
sie sich in einer Gruppe sehr unwillkommen
fühlten, die bei uns Wochenendseminare
besucht, in die sie neu dazugekommen waren.
Sie erläuterten den Wunsch, dass sie nie mehr
in dieser Gruppe anwesend sein möchten, da
sie sich beide sehr unwohl und sogar zum Teil
angegriffen fühlten. Die einte Teilnehmerin war
für diese Art von Verletzungen empfänglicher
als die andere, haben sich beide aber sehr
unwohl gefühlt.

Ich dachte mir, dass es sehr, sehr traurig ist,
dass dies in einem Kurs, wo es um
Feinfühligkeit und Bewusstseinsarbeit geht,
überhaupt geschehen kann. Als ich mich
mehrere Tage damit beschäftigte, und mir die
einzelnen Ereignisse der beiden
Teilnehmerinnen angesehen habe, wurde mir
folgendes klar.

Es ist überall in den Menschen drin verankert, dass wenn Menschen einer Gruppe, Kommune, oder sonst einer Vereinigung angehören, dass da immer ein Separatismus geschieht von den „andern im Aussen." Das ist zu beobachten bei den kleinsten Kindern, zum Beispiel in einer Schulklasse, die einen neuen Schüler bekommt. Oder auch wenn ein Kind „anders" ist, als die andern. Was geschieht nun mit dem „Neuen" der von aussen in die Klasse kommt? Einige haben vielleicht schon an sich selber eine solche Situation erlebt und erinnern sich mit Grauen an dieses Ereignis zurück. Ich erlebte es selber und auch meine Tochter, als sie die Schule wechselte und in eine schon bestehende Klasse einsteigen musste. Das ist vielleicht auch der Grund, dass mich ein Ereignis dieser Art, so aufgewühlt hat.

Gehen wir in der Zeit zurück, zu den Sippen, die sich schützen mussten von Eindringlingen von aussen, die ihre Existenz, Jagdrevier, Wohnrevier (Höhlen) gefährdeten. Sie mussten sie vertreiben, damit ihre Existenz und ihre Gruppe geschützt blieben.

Rolf, und ich, gingen an einem Ort mit unserer Hündin Ashima spazieren, wo es immer sehr viele Hunde hat. Ashima freute sich sehr auf all die Hunde und ging voller Freude auf sie zu, da sie mit ihnen spielen wollte. Die Hundebesitzer waren schon einen Moment da, liessen ihre Hunde zusammenspielen und sprachen miteinander. In dieser relativ kurzen Zeit, bildeten diese Hunde ein Rudel. Ashima war nun bei den Hunden angekommen; ihre freudige Stimmung wandelte sich sofort in panische Angst, als das neu gebildete Rudel sehr aggressiv auf sie zu rannte. Knurrend und mit aufgestellten Haaren gingen die Hunde nun auf Ashima los, die sich ängstlich ergab. Sie jagten sie über eine grosse Distanz, bis wir diese Aktion endlich stoppen konnten. Instinktverhalten, das auch bei den Wölfen beobachtet wurde. Ashima wurde bei dieser Hundegruppe als ein fremder, feindlicher Eindringling wahrgenommen. Bei den Pferden geschehen sehr ähnliche Verhaltensmuster, wenn ein „neues Pferd" zu der bereits bestehenden Herde zugelassen wird.

Da gäbe es noch viele Beispiele, die immer wieder das gleiche Verhalten vorweisen; bei den Menschen, wie bei den Tieren. Sieht man sich nun noch die verschiedenen Religionen, Politikparteien, Rangordnungen, Rassen, Regionen, Länder an, erforscht noch dazu warum es Krieg gibt, kommt man überall auf den gleichen ursprünglichen Punkt: Angst seine Gruppe, Revier, Angehörigkeit,

Wichtigkeit und somit Existenz zu verlieren. Es könnte ja auch jemand mit neuen, produktiven Ideen reinkommen, die meine Wichtigkeit in den Schatten stellen, da wären wir dann beim Konkurrenzverhalten, das auf die gleiche Urangst hinweist. Das spielt sich natürlich alles im Unterbewusstsein ab und kommt aus dem Ursprung der Existenz von Lebewesen und Angst etwas zu verlieren. Als sie angefangen haben Gruppen zu bilden. Eines unser gespeicherten Massen-Programme aus dem Reptiliengehirn. Es kommt auch aus der Zeit, als sich die Menschen entschieden haben Polarität und Trennung zu erfahren; aber jetzt, in der neuen, kommenden Zeit entscheiden wir uns wieder für das Eins sein und die Polarität, so wie auch die Angstzustände lösen sich langsam wieder auf. Der Mensch, der sich nun bewusst auf das neue Zeitalter bewegt, sollte sich nun unbedingt solchen automatischen Instinktprogrammen Bewusst werden. Nur alleine schon, wenn wir uns dessen Bewusst sind, was in einem solchen Moment geschieht, ob wir es nun beobachten, selber der Täter, oder sogar das Opfer sind, können wir es verändern; indem wir sagen: es ist ein Ur-Verhalten aller Spezis, das da unbewusst abläuft. Ich gehe in die Angst, die da hinter steckt und lasse sie zu. Danach gebe ich Licht und Liebe in die aktuellen Emotionen rein, umarme sie und lasse sie los. Dann ist sicher, dass sich diejenigen die angreifen beruhigen, einsehen dass es absolut keinen Sinn macht sich so zu verhalten und das gleiche geschieht für den, der angegriffen wird. Solche Situationen lösen sich in Zukunft dann von selber auf und geschehen gar nicht mehr! Wird dieses neue, bewusste Feld grösser, kommen wir der neuen, paradiesischen Zeit wieder sehr viel näher und haben wesentlich viel beigetragen zu ihrer Verwirklichung! Dazu kommt noch, je bewusster wir uns über automatische Programme werden, je freier und glücklicher fühlen wir uns, weil wir uns von ihnen verabschieden. Wir brauchen sie nicht mehr; wir haben uns weiterentwickelt.

Nach jeder Auflösung eines solchen Programms, sind wir freier, offener und werden immer mehr authentisch mit unserem Wesen. Da diese Programme mit Angst in Verbindung stehen, werden wir immer mehr von Angstgefühlen befreit und unsere Schwingung erhöht sich zu sehend. Das wirkt sich dann ganz klar auf unsere Gesundheit, Körpergefühl, Lebensqualität und Lebensenergie aus. Auch können wir ganz sicher in diesem neu erreichten Zustand das Leben wieder mehr geniessen, da diese Angst machenden Programme als schwerwiegende Hindernisse mehr und mehr von uns verschwinden und uns nicht mehr beeinflussen, oder limitieren können. Unsere Ausstrahlung die wir durch diesen Prozess erhalten, wird auf unsere Umwelt starken Einfluss nehmen. Die Leute werden vermehrt uns darauf ansprechen wie: - oh, du siehst aber wieder toll aus, was hast du gemacht? – Oder, ich bin so gerne mit dir zusammen, ich fühle mich so wohl in deiner Gegenwart. – Oder kann ich mit dir darüber sprechen, zu dir habe ich volles Vertrauen. – Oder du bist ein Beispiel für mich! So möchte ich es auch machen! – In dieser Art kommen dann die Menschen auf uns zu, da sie intuitiv merken, dass wir auf dem Weg in ein glückliches, unbeschwertes Leben sind. Und wir werden ein Beispiel für diese Menschen, die auf dem Planet Erde leben und diese Erde, sogar das ganze Universum will von uns, dass wir die Frequenz und unser Bewusstsein erhöhen! Je mehr Menschen mitmachen, je grösser wird das Feld und die Möglichkeiten, in die für uns vorgesehene fünfte Dimension überzugehen! In die Dimension, in der sich Gedanken manifestieren, weil sie aus dem Herzen kommen. In der sich Konflikte und Leiden in Freude transformieren, weil wir die Angst aufgelöst haben. Dazu brauchen wir Beziehung zu uns, und zu allem was ist.

Beziehung

Mit diesem Thema gehe ich an eine zentrale Stelle in unserem Leben. Jeder Mensch braucht Beziehungen zu anderen Menschen. Ist er verhindert Beziehungen zu pflegen, verkümmert er, wird krank, ist sehr unglücklich und einsam. Grundsätzlich fängt in dieser Inkarnation unser Beziehungsleben mit der Schwangerschaft unserer Mutter an. Sie ist die erste Erfahrung, eines körperlichen Bewusstseins in dieser Inkarnation. In der Gebärmutter ist es angenehm warm, weich und wir fühlen uns geborgen. Wir müssen nichts aktiv dafür tun, wir werden versorgt mit Sauerstoff und Nahrung. Geräusche und Licht nehmen wir nur durch einen geschützten Filter war. Die Reaktionen, Gefühle und Gedanken unserer Mutter werden von unserem Bewusstsein aufgenommen und für das spätere Leben gespeichert; also finden hier bereits wesentliche Prägungen statt, die sogar bis zu unserer Zeugung zurückgehen. Dazu ein Erlebnis aus einem Matrixseminar. Wir baten die Teilnehmer Blockaden aus der Zeit ihrer Zeugung aufzulösen, indem sie den Fokus darauf richteten und eine Matrixanwendung machten. Unglaublich, was da an Gefühlen im Körper und in der Psyche zum Vorschein kam! Es zeigte uns, wie bereits zu diesem Zeitpunkt die Seele präsent ist und unser Bewusstsein geprägt wird.

Dann kommt die Geburt: Das Vertreiben aus dem Paradies! Wir werden herausgepresst, rausgezogen, in eine kalte, fremde Welt. Die Nabelschnur wird abgetrennt, und von nun an müssen wir atmen sonst gibt's noch einige Klaps auf den Po. Auch müssen wir uns aktiv bemerkbar machen, wenn wir zu unserer Nahrung kommen möchten. Da wir aber einen sehr unterschiedlichen Rhythmus zu unserem Umfeld haben, bauen wir Schuldgefühle auf, wenn wir uns scheinbar unpassend verhalten haben, und schauen nun wie gebannt auf Zeichen im äusseren Umfeld: ein Lächeln, ein Streicheln, liebevoller Tonfall, das ist dann der Beweis, dass Mutter uns liebt und für uns da ist. An diesem Punkt sind wir abhängig von der Liebe und Zuwendung unseres Umfelds, vor allem von unserer Mutter. Zunehmend verhalten wir uns so, damit wir im Aussen gut ankommen. Denn nur so, glauben wir, können wir uns geliebt, geborgen fühlen und unserer Nahrung sicher sein; unser Überleben hängt so zu sagen davon ab. **Sicherheit** wird zu unserem Hauptthema in einer für uns bereits bedrohlichen Welt. Die Sehnsucht, sich wieder geborgen und sicher zu fühlen, wird so intensiv, dass man glauben könnte, der Sinn des Lebens geht nur darum, sicher und möglichst bequem zu überleben. Wir sind völlig auf materielle und emotionelle Sicherheit eingestellt und fixiert. Je nachdem wie es unseren Eltern erging, in welchem Schmerz sie sich befanden, wie sicher oder unsicher ihre Liebesbeziehung, Gesundheit, Finanzen, usw. war, haben wir in der Zeit während der Schwangerschaft und später während der Prägungszeit, alles aufgenommen und auf unserer Festplatte, Lebensrealität, Grundlage, abgespeichert. Das wird nun unsere Lebenssituation in Zukunft sehr beeinflussen.

Auf diesem Weg entstehen also unbewusst viele Leidensgrundlagen, übernommene Muster, die uns hindern oder negativ beeinflussen. Aus diesen Verletzungen entstehen dann die dazu passenden Gefühle wie Wut, Eifersucht, Verletzung, die uns in einen Leidenszustand, dem wir ausgeliefert sind versetzen.

Hat zum Beispiel ein Junge eine sehr dominante, kontrollierende Mutter, die ihm keine Freiheit lässt sich mit seinen Stärken zu entfalten, seine Schwächen zu akzeptieren, seinen eigenen Rhythmus zu finden, wird er später ziemlich verunsichert über sich selber sein und eine dominante kontrollierende Frau/Partnerin in sein Leben ziehen. Die bringt ihn mit ihrer Art so an seine Grenzen, dass er in rasende Wut oder auch Verzweiflung gerät. Eigentlich ist dann seine Wut auf sich selber gerichtet, da er so kontrollierbar und unterwürfig ist. Er müsste im Grunde genommen seinen Selbstwert und seine Selbstliebe dringend anschauen und neu kultivieren.

Werden wir zum Beispiel mit Liebesentzug bestraft, oder ein Geschwister wird bevorzugt, dann sind wir so stark auf der Suche nach Liebe (und Ersatz), später suchen wir die wahre Liebe, wir verlieben uns wahrscheinlich in jemanden, der sein Herz nicht öffnet, sehr distanziert und kalt ist. (Natürlich mit demselben Muster: Angst vor Liebe und Nähe!) Der Spiegel.

So gibt es unzählige Beispiele, die unser Leben sehr stark beeinflussen. Wie ist (war) die Beziehung zu unseren Eltern? Was haben sie uns beigebracht? Vorgelebt? Vielleicht mögen wir uns sogar an einige Sachen erinnern? Vielleicht haben wir unter einigen Sachen gelitten, wurden geschlagen, gezwungen auszuessen, eingesperrt oder gezwungen die Haare abzuschneiden, Kleider zu tragen die wir überhaupt nicht mochten, wurden wir verantwortlich gemacht wenn es Mutter nicht gut ging? Was haben wir, aus dieser Zeit alles mitgenommen? Oder sogar an unsere Partner, Kinder weitergegeben? Weil es ja zu unserer Wirklichkeit geworden ist.

ÜBUNG DAZU:

Wenn ich an meine Mutter denke, an was denke ich zuerst und was hat sie mir über Liebe beigebracht?

Was weiss ich aus der Zeit, als meine Mutter mit mir schwanger war? (da könnte man auch nachfragen)

Wo war ihre Wunde, ihr Schmerz?

Wie wurde ich bestraft, oder unter was habe ich gelitten?

Ich bin mir Bewusst, dass auch meine Mutter Schmerzen und Leiden kennt. Wenn ich nun meine Augen schliesse, tief ein und ausatme und versuche so tief wie möglich in den Schmerz meiner Mutter zu tauchen, was fühle ich?

Um diese Fragen zu beantworten, sollten sie auch wieder in den Herzenszustand gehen und etwas Zeit reservieren, damit sie so tief wie möglich in die damit verbundenen Gefühle eintauchen können; weil das bringt uns dann erst in die Klarheit und in das Bewusstsein, was eigentlich geschah. Und was es bei uns ausgelöst hat.

Auch von unserem Vater wurde viel an uns weitergegeben. Wir schauten ab, wie er mit Mutter umgegangen war, mit uns, was wir tun mussten, oder wie wir uns verhalten mussten, damit er mit uns zufrieden war, hatte er Zeit für uns, liess er Gefühle zu, oder waren Emotionen gar nicht seine Sache? Wie verhielt er sich, wenn er wütend war? Bestrafte er mich? Wie? Was lernte ich über die

Männlichkeit? Was bedeutet «das Mann» sein für mich?

Bitte beantworten sie nun dieselben Fragen wie bei der Mutter, mit ihrem Vater. Bei der zweiten Frage könnte man sagen: was weiss ich über Vater, als meine Mutter mit mir schwanger war?

Das Ziel dieser Übung ist, dass wir uns bewusstwerden, dass unsere Eltern bereits geprägt waren und je nach ihren eigenen Erlebnissen auch sehr verletzt. Ihr Programm ist auf ihrer Festplatte genauso eingebrannt, wie bei uns. Es lässt auch sie glauben, dass das die Realität und das wahre Leben ist. Sie befanden sich vielleicht in ihrer Prägungszeit noch in viel schwierigeren Situationen, als wir selber. Es war vielleicht nicht genug zum Essen da, die Wohnung war kalt, die Schuhe hatten Löcher, oder ihre Eltern waren in Sorgen ob sie genug Geld hatten um die Rechnungen zu bezahlen, genug Essen für die Familie, der Vater musste hart arbeiten und durfte die Gefühle nicht zeigen. Mutter war vielleicht krank oder sehr unglücklich, musste aber trotzdem da sein für alle....

Es gibt eine Möglichkeit, diese Verletzungen zu heilen. Es spielt auch keine Rolle, ob unsere Eltern noch am Leben sind, oder verstorben.

Wir richten uns auf der feinstofflichen Ebene einen ganz persönlichen Traumraum ein, der ganz auf uns und unsere Schwingung eingestimmt ist. Das kann ein Haus sein, einen Pavillon auf einem See, ein Raum direkt am Meer, oder in den Bergen. Für die Gestaltung innen im Raum, auch da lassen wir unserer Fantasie freien Lauf. Hell, grosse Fenster, schöne Aussicht, Blumen, Kerzen... so, dass es uns gefällt; denn das ist nun unser ganz persönlicher Traumraum, der wir immer wieder besuchen können.

Zu diesem Traumraum, lade ich nun meine Eltern ein; einzeln oder miteinander. Ich bitten sie, es sich bequem zu machen und setzte mich zu ihnen. Ich lasse sie wissen, dass alles gut ist wie es ist, dass ich ihren Schmerz gefühlt habe und verstehe, dass sie ihn an mich weitergegeben haben, und ich lade sie ein, ihr Herz zu öffnen, indem auch ich mein Herz öffne. Ich lasse die Verbindung unserer Herzen zu und lasse sie auch wissen, dass jetzt alles gut ist. Dass sich alle Verletzungen zwischen ihnen und mir auflösen und heilen dürfen.

Dann ziehe ich meine Herzenergie wieder zu mir zurück und begleiten sie zur Tür, wünsche ihnen alles Gute und viel Freude auf ihrem Weg und verabschiede mich von ihnen.

Diese Meditation ist sehr kraftvoll und hat bei Anwender schon wahre Wunder vollbracht. Da war zum Beispiel eine Klientin, die ganz verzweifelt erzählte, dass sich ihre Eltern so heftig mit ihrem Bruder zerstritten hätten, dass sie nicht einmal mehr miteinander sprechen würden. Und es war bald Weihnachten und sie wünschte sich von ganzem Herzen, dass sie sich vor dem Weihnachtsfest versöhnen würden. Ich machte mit ihr zusammen diese Meditation und bat sie ihre Eltern und ihren Bruder in ihren Traumraum einzuladen, sie zu bitten die Herzen zu öffnen und die Herzen auch zu verbinden.

Ein paar Tage später liess sie mich wissen, dass ihr Bruder den Eltern einen Brief geschrieben hat, indem er sich entschuldigt und schrieb, dass er sie für ein wunderbares Waldweihnachtsfest, das er organisieren würde, einladen möchte. Sie war überglücklich und alle von der Familie auch!

Diese Meditation schrieb ich in Indien, nachdem ich an meinem fünfzigsten Geburtstag im Oneness Tempel meditieren war und ein sehr kraftvolles Darshan von Sri Bhagavan bekommen habe. Darshan bedeutet Übertragung von Weisheit und Bewusstsein. Wörtlich «das göttliche sehen.»

Warum Beziehung so wichtig ist im Leben

Eigentlich ist das ganze Leben Beziehung und hängt davon ab, ob wir glücklich sind, ob wir Erfolg haben, wie unsere zwischenmenschlichen Beziehungen sind, sogar unsere Gesundheit und natürlich unsere Partnerschaft.

Im vorderen Kapitel bekamen wir ja schon bereits Einblick, wie wir von ganz am Anfang von unserem irdischen Dasein bereits von Beziehung geprägt werden. Wie unsere Programme negativ wie Positiv entstehen und auf unsere „Festplatte", Lebenserfahrungen runtergeladen werden. Was wir in unserer Lebensgeschichte durch Beziehung erfahren haben, bildet unsere Wahrnehmung und auch unsere Realität. Haben wir nun viel Leid, Schmerz und Trennung erfahren, sind bestraft, dominiert, ausgenutzt oder gar vergewaltigt worden, hat das auf unsere Beziehungen, Realität und Wahrnehmung einen grossen Einfluss. Für den Menschen ist das aller Wichtigste anerkannt zu sein, dazuzugehören, geliebt zu sein. Durch schmerzvolle Endtäuschungen und Verletzungen ist das Misstrauen und die Angst wieder Schmerz zu erfahren, sobald eine Beziehung eingegangen wird so gross, dass eine glückliche, schöne und harmonische Beziehung gar nicht möglich ist. Je mehr ein Mensch verletzt worden ist, desto schwieriger werden seine Beziehungen. Durch das Programm das da läuft, dass man niemandem trauen kann, dass man eh enttäuscht, missbraucht, oder hintergangen wird, werden diese Gedanken und Gefühle zur Realität und was jemand denkt und fühlt, zieht er genau an. Jemand der Angst vor Beziehung hat, zieht meistens jemanden an, der selber auch nicht beziehungsfähig ist; da auch er verletzt worden war. Trifft jemand der beziehungsunfähig ist auf einen Menschen der bereit ist sein Herz zu öffnen und liebevoll auf den Partner zugeht, wird der verletzte Partner bald dafür sorgen, dass die Beziehung gestört wird und auseinanderbricht.

Es lohnt sich, solche Programme zu heilen. Indem wir uns über die destruktiven Gedanken und Gefühle bewusstwerden, und sie transformiere. An erster Stelle, ganz wichtig, schauen wir die Beziehung zu uns selber einmal an. Wie gehe ich mit mir um? Stelle ich mich häufig hinten an und denke zuerst an alle andern? Traue ich mir etwas zu, oder habe ich Angst vor Versagen? Finde ich mich schön, attraktiv, intelligent, liebenswert, oder etwa hässlich, dumm, nicht zu erwähnen, wertlos, uninteressant?

Was glaubt ihr: wie wirkt das auf die Aussenwelt, wenn sich jemand sehr niedrig bewertet? Wie kann man so erwarten, dass jemand ins Leben kommt und ihn von ganzem Herzen liebt, Komplimente über sein Aussehen, Arbeit, Präsents macht, wenn er selber nicht daran glaubt? Das ist leider nicht möglich. Selbst wenn sich jemand die Mühe macht und liebevoll mit dieser Person umgehen würde, das Selbstbild wäre stärker und das Vertrauen würde fehlen. Er würde so lange mit seinem Misstrauen und seiner Angst vor Nähe verweilen und es zum Ausdruck bringen, bis es dem Partner, der sich viel Mühe gibt und sich sehr liebevoll um ihn kümmert, zu viel wird, sich zurückzieht oder sich sogar trennt. Dann findet der verletzte „Jemand" natürlich seine Bestätigung, dass er Recht hatte, und dass das Leben so ist. In Wirklichkeit hat ihn aber sein Programm nur zu seiner Wahrheit geführt, die er selber projiziert hat. Was in einer solchen Situation sehr wichtig ist, wäre den Fehler nicht beim andern zu suchen, sondern seine innere Wahrheit dazu finden. In dem Beispiel wäre nun die innere Wahrheit, dass er nicht an sich glaubt, sich nicht liebenswert findet, Angst hat

verletzt und enttäuscht zu werden, usw. Der
Mensch ist seit vielen Generationen
programmiert, den Fehler im Aussen zu
suchen. Geht etwas schief, schaut man sofort,
was oder wer ist schuld. (sicher nicht wir
selber) das ist menschlich. Aber wenn wir
etwas genauer hinschauen, sehen wir, dass
das nicht wirklich so ist. In Indien, an der
Oneness Universität lernten wir einen sehr
wichtigen Satz: „Leiden ist nie in der Sache,
Leiden ist immer in der Interpretation und
Wahrnehmung der Sache." Es ist der Satz, der
alles erklärt. Nehmen wir an, da ist eine
Situation, eine Sache; spielt keine Rolle was.
Es kommen Leute von überall her und geben
ihre Meinung dazu ab. Für den einen ist es
sehr peinlich, der andere findet es lustig, und
noch einmal ein anderer regt sich sterblich
darüber auf. Es ist nur eine Sache, die drei
oder mehrere Empfindungen auslöst. Jeder ist
aber von seiner Empfindung überzeugt und
verteidigt sie als die Realität oder Wahrheit; die
es nicht gibt. Es gibt nur deine Wahrheit und
deine Realität aus deiner Sicht; meine ist
vielleicht ganz anders und für mich genauso
real. Darum hängt die Empfindung, die
Emotionen die durch eine Situation bei uns
ausgelöst wird, immer nur an unserer
Wahrnehmung. Wir suchen aber sofort die
Schuld im Aussen und geben der Situation

Schuld. Mir persönlich hat dieser Satz schon x-mal geholfen aus dem Leiden auszusteigen und sogar in Freude zu transformieren. Das ist dann der Bewusstseinsschritt: „Aus Leiden wird Freude." Eines der schönsten Momente die es gibt auf unserem Weg. Sobald wir uns beim Leiden über etwas das geschehen ist ertappen, sagen wir einfach dreimal diesen Satz:" Leiden ist nie in der Sache..." Ihr werdet sehen was für eine kraftvolle Auswirkung das hat und wie viel glücklicher und unbeschwerter ihr sein könnt! Ich wünsche das allen von ganzem Herzen, viel Erfolg damit es lohnt sich!

Manchmal braucht es „schlechte" Erfahrungen, damit wir aufwachen. Hier ein Beispiel: Eine Frau ist mit einem Mann verheiratet, der sehr selten zu Hause ist, er widmet seine Aufmerksam vor allem seinem Beruf, flirtet gerne mal mit andern Frauen und hier und da ergibt sich bei ihm auch einen Seitensprung; aber sehr unverbindlich.

Die Frau leidet schon lange sehr unter diesen Umständen, kommt aus einer Familie, in der ihr Vater sehr dominant und bestimmend war, und ihre Mutter hatte immer alles dem Frieden zu liebe eingesteckt und still darunter gelitten. Gefühle wurden nie ausgetauscht und auch nicht gezeigt, ausser Mutter, die manchmal vor sich hin weinte. Sie wurde also geprägt, indem ihr vorgelebt wurde, dass eine Frau einsteckt und somit aus der Opferrolle agiert. Sie hat gelernt, dass Beziehung Mann Frau mit Leiden zu tun hat, da ihre Mutter auch immer wieder sehr traurig war. Also aufpassen und nicht zu viel Nähe zulassen!

Das Familienleben, aus dem ihr Mann herkommt war so, dass sein Vater ihm beigebracht hat, dass ein Mann keine Gefühle zeigt, und hart arbeitet um seine Familie ernähren zu können. Seine Mutter war aber so dominant und kontrollierend, dass er sich nie richtig entfalten konnte unter ihrem Druck. Sie wurde sogar krank und beschuldigte ihn dafür, da er ihre Erwartungen nicht erfüllt hatte. Das gleiche machte sie auch mit seinem Vater, wenn er da war. Er lernte also, dass Beziehung zwischen Mann und Frau sehr unangenehm, einengend, verwirrend und verletzend sein kann. Also lieber nicht zu nahe ranlassen, Gefühle zeigt man eh nicht, Arbeiten ist sehr wichtig, also geht der Focus ganz auf seinen Beruf, und sexuelle Vergnügen kann man sich ja ausserhalb der Ehe unverbindlich holen.

Dieses Paar passt also hervorragend zusammen und ergänzen sich, in dem sie sich gegenseitig ihre Realität, „Nähe und Beziehung ist schmerzlich und verletzend", spiegeln. Leider geht aber das Spiel von „du hast Schuld" nicht auf. So kommen sie nie an ein Ziel. Was sie nun tun könnten. Nehmen wir mal an, die Frau hat genug, und möchte etwas verändern, da sie sehr unglücklich ist in ihrem Leben. Sie könnte zum Beispiel ihren Mann ansprechen, indem sie ihm ihre Gedanken und Gefühle mitteilt und ihn fragt, ob er bereit wäre, dies gemeinsam mit ihr zu verändern, damit sie eine glückliche Beziehung leben könnten. Wenn der Mann dazu bereit ist, wäre eine Hilfe von aussen zu empfehlen; durch Paartherapie, Seminare oder Bücher/Kurse. Ist aber der Mann nicht bereit etwas in ihrer Beziehung zu verändern, müsste sich die Frau überlegen, ob sie mit ihrem unzufriedenen Leben weiterfahren möchte? Oder wie sie eine Veränderung aktivieren könnte, die für sie neue Perspektive öffnet.

Wir Menschen sind seit vielen Generationen konditioniert, dass wir das Gewohnte beibehalten möchten und Angst haben, etwas zu verändern, etwas zu tun, das wir nicht kennen. Unser Verstand arbeitet sehr eng mit unserer Lebensgeschichte, den damit verbundenen Erfahrungen und Ängsten zusammen, und der mischt sich nun bei einer solchen Überlegung stark ein. In uns hören wir

nun eine innere Stimme, die wir oft als unser
Gewissen interpretieren, folgendes sagen:
Mach das ja nicht, was denken die andern,
deine Familie und Freunde, was geschieht mit
den armen Kindern, die leiden sehr unter einer
Scheidung, was machst du, falls es finanziell
nicht reichen würde, dann bist du alleine und
in deinem Alter findest du nicht so schnell
wieder einen Partner, wenn überhaupt, ... usw.
Also bleibt diese Frau lieber weiterhin in einer
unglücklichen Beziehung, als etwas zu
verändern, dass sie nicht kennt. Als den
Schritt zu wagen sich zu trennen. Auch hat ihr
der gute Freund Verstand deutliche Gründe
aufgezählt, damit sie es nicht tut. Sie bleibt
also weiter in ihrer unglücklichen Beziehung
und wie damals ihre Mutter, steckt sie alles
ein. Vielleicht meldet sich später einmal der
Körper mit einer Krankheit oder einem Leiden.
Das wäre dann die Seele, die sich bemüht sich
so zum Ausdruck zu bringen, indem sie sie auf
diese Art versucht aufmerksam zu machen,
dass sie etwas lebt, das ihrem Wesen
überhaupt nicht entspricht. Achtet sie nicht
darauf, kommen meistens die Symptome in
stärkerer Form zurück, um sie wieder darauf
hinzuweisen. Es könnte auch sein, dass das
Leiden mit fast unerträglichen Schmerzen zu
tun hat, damit sie nur noch mit sich und den
Schmerzen beschäftigt ist und vielleicht so

merkt, dass ihr Leben dringend verändert werden sollte. Das geht so lange, bis sie eines Tages aufwacht und innerlich spürt, dass eine Veränderung ansteht. Sobald sie sich dazu entschieden hat, ihre Seele wahrgenommen und bereit ist ihr Leben selber in die Hand zu nehmen, z.B. sich zu trennen und sich selber Wert ist, diesen Schritt zu tun, spürt sie eine grossartige Kraft, die ihr so viel Energie und Selbstvertrauen gibt, dass sie es trotz vielen Schwierigkeiten, die auf sie zukommen, schafft. Danach ist sie frei, und kann ihr Leben neugestalten, so, wie es ihr und ihrem Wesen entspricht; sie hat nun die Chance sehr glücklich zu werden. Hierzu möchte ich auf die einzelnen Schritte eines Prozesses in dieser Art aufmerksam machen:

Die Gefühle sind nicht angenehm, wir befinden uns in einem leidenden Zustand. Körperlich fühlen wir uns auch nicht gut. Wir wissen, dass die Partner-Beziehung nicht mehr harmonisch ist und nicht mehr funktioniert.

Wir stellen fest, dass etwas verändert werden müsste; und dass die Trennung bevorsteht.

Wir nehmen uns Zeit und mit geschlossenen Augen atmen wir bewusst 3x tief ein und aus; dann fragen wir uns: was ist die Wahrheit zu meinem Leiden?

Nachdem wir die Beziehung zu uns selber aufgenommen haben, könnten z.b. Antworten kommen wie: Du hast Angst vor Neuem, vor dem alleine sein, du hast den Mut nicht diesen Schritt zu tun...

Sobald die Wahrheit zu unserem Leiden klar ist, nehmen wir uns wieder etwas Zeit und mit geschlossenen Augen sagen wir zu uns selber: Es ist vollkommen in Ordnung, dass ich Angst habe vor... aber jetzt ist es an der Zeit, dass ich an mich und an mein Wohlergehen denke; ich bin mir so viel Wert, und ich weiss, dass ich verdient habe ein rund um glückliches Leben zu führen. Damit das geschieht, muss ich mich entscheiden, diesen Schritt zu tun! Ich habe volles Vertrauen, dass ich zu seiner Zeit genau das Richtige tue, um dieses Glücklichsein wieder in mein Leben zu integrieren.

Die Möglichkeit zu wählen in einer problematischen Partnerschaft zu bleiben und nichts zu verändern, besteht natürlich auch. Wir sind frei und haben immer die Wahl. Leider weicht dann aus diesen Menschen noch die letzte Lebensfreude ganz weg und sie funktionieren nur noch wie *leere Hüllen und sterben gemütlich daher*. Also auch hier: jeder kann wählen und seinen Lebensweg selber gestalten! Die Worte in * habe ich von einem früheren Lehrer, Harald Wessbecher übernommen; ich finde treffender könnte man es gar nicht sagen!

Wir sind mit allem verbunden und alles ist in uns

Eine weitere Form von Beziehung. Wir sehen nun mehr und mehr, dass Leben nur möglich ist in Beziehung zu allem was ist und zu sich selber. So wie ich mit mir selber umgehe, so wird vom Aussen mit mir umgegangen. So wie ich mich sehe, sehen mich die andern. So wie ich die Welt wahrnehme, so ist die Welt, das Leben, alles. Es geht auch nicht auf, wenn ich sage: Ich brauche nichts, ich habe alles. Ich brauche niemanden, ich kann mich selber beschäftigen. Ich brauche spätestens jemanden, wenn mein Auto kaputt, oder die Heizung ausgestiegen ist, ... alles was ich besitze, kommt aus einer langen Geschichte die dazu beigetragen hat, dass das, was ich alles besitze existiert. Es sind viele Menschen daran beteiligt, damit etwas möglich ist.

Unser Lehrer, Ananda Giri in Indien erzählte uns einmal eine Geschichte: Da waren er und seine Mitschüler um Bhagavan versammelt und einer der Schüler zeigte ihm ganz stolz seine neue Jacke die er geschenkt bekommen hatte. Bhagavan sagte zu ihm: „das ist nicht deine Jacke". Darauf sagte der Schüler: „Doch sicher, das ist meine Jacke, mein Vater hat sie mir geschenkt und ich habe gesehen, wie er sie bezahlt hat." „Schau mal gut hin," sagte Bhagavan: „wenn die Verkäuferin nicht bereit gewesen wäre diese Jacke zu verkaufen, kein Geschäft da gewesen wäre, das jemand gemietet hat, hätte dein Vater sie nicht kaufen können. Wenn da keine Fabrik wäre, die diese Jacken herstellen, nähen und an Geschäfte abliefern würden, und wenn da keiner die Stoffe für die Jacken herstellt, und keiner die Baumwolle pflanzen, ernten und transportieren würde, die Erde worauf die Baumwolle wächst, der Regen der das notwendige Wasser spendet und die Sonne die durch ihre Wärme und ihr Licht die Pflanzen wachsen und leben lässt, das Universum das die Sonne in unser System integriert, nicht auch da wären, hättest du deine Jacke auch nicht." Nach einer Weile in Gedanken antwortete der junge Schüler: "So habe ich es noch gar nie angeschaut, alles was da ist kann nur da sein, weil es mit allem verbunden ist und ohne die Beziehung zu allem, würde es gar nicht existieren können. Bhagavan antwortete:" Siehst du, das ist Oneness, in Beziehung zu sein, mit allem was ist."

Und wenn wir das einmal erfahren haben, gibt das ein ganz neues Lebensgefühl. Sobald wir diese Verbindung zu allem was ist fühlen, erwachen wir in einer neuen Wahrnehmung. Wir fühlen durch diese Verbundenheit, dass wir «nicht alleine» sind, Dankbarkeit, Freude und Respekt breiten sich aus. Auch Vertrauen erfahren wir auf eine ganz neue, wunderbare Art, indem wir uns selber und dem ganzen Universum vertrauen. Durch diese Verbundenheit fühlen wir eine Art synchronisiertes Zusammenspiel, das sich durch glückliche «Zufälle» zum Ausdruck bringt. Es ist eine neue, wundervolle Art zu leben.

Manchmal sollte man sich einfach führen lassen

Hier möchte ich einen sehr wichtigen Teil aus meinem Leben erzählen, der   klare Beispiele zeigt, wie wir geführt werden, wenn wir uns führen lassen. Dazu gehört Vertrauen, dass wir in einer natürlichen Verbindung zu uns selber sind, zu allem was ist und zum ganzen Universum. Das Vertrauen zu uns selber, damit wir nicht an uns, oder unserer Entscheidung zweifeln, zu allem was ist, damit wir die Verbindung zu allem wahrnehmen, nicht mehr getrennt oder alleine sind, und zum ganzen Universum, damit dieses

wunderbare Gefühl von «Eins sein» neue
Dimensionen in ein paradiesisches Dasein
ermöglicht. So, dass wir offen sind für die
Hinweise, die wir mit diesem Vertrauen
empfangen und die uns mit besten Absichten
an ein sicheres Ziel führen.

Diese Erzählung geht zurück in eine Zeit, als
ich mit einem Freund ein grosses Haus teilte,
aber unsere Beziehung die wir einmal hatten,
war bereits seit längerer Zeit beendet. Wir
teilten uns weiterhin den Wohnort, weil wir
uns als gute Freunde besser verstanden, als
vor dieser Zeit in einer Beziehung als Paar.
Das Haus war gross genug, damit jeder seine
privaten Räume hatte, und es lag auch an
einem sehr schönen Ort, mit einem grossen
Garten. Damals glaubte ich, dass dies genau
richtig sei für mich und meine Teenager
Tochter, die dort auch liebe Freunde hatte und
glücklich war. Ich glaubte damals auch, dass
eine Beziehung zu einem Mann als
Liebesbeziehung, irgendwie nicht Wirklichkeit
sein kann. Ich glaubte nicht mehr daran, da
ich bis zu dieser Zeit nie eine wirklich
glückliche Beziehung hatte. Also ging es mir
„besser" ohne Liebesbeziehung; so glaubte ich
auf jeden Fall. Später fand ich
selbstverständlich alle inneren Wahrheiten zu
meinen unglücklichen Beziehungen und

konnte sie glücklicherweise auch auflösen und transformieren. Und natürlich hatten sie alle mit mir selber zu tun!

Zu dieser Zeit hatte ich auch sehr stark das Bedürfnis an Bewusstseinsarbeit, ich wollte weiterkommen auf meinem Lebensweg und mich finden. Ich las viele verschiedene Bücher, besuchte Seminare und liess mich über eine Zeit von 3 Jahren auch in Energiearbeit, therapeutische Betreuung und Techniken aus der Kinesiologie ausbilden. Bald darauf arbeitete ich mit vielen Menschen, die meine Arbeit auch sehr schätzten und die ihre Lebensqualität dadurch verbessern konnten.

Als ich wieder einmal für sechs Tage ein Seminar von Harald Wessbecher in der Toscana besuchte, hatten wir an einem Abend eine Meditation, die uns in die Zukunft führen sollte. Das war so aufgebaut, dass man in der Gruppe vor dem Schlafengehen meditierte, und darum bat, in der Nacht einen Traum zu empfangen, der aus der Zukunft kommt. Der ganze Tag befasste sich bereits mit dem Thema, Zukunft in die Gegenwart träumen. An diesem Abend ging ich schweigend ins Bett und hoffte auf einen Traum meiner Zukunft. Ich teilte mit einer Freundin das Zimmer in dem schön gelegenen Haus, mitten in der Natur. An diesem Abend sprachen wir gar

nicht mehr miteinander, da es wichtig war,
ohne Ablenkung und Dialog schlafen zu gehen.

Ich hatte einen Traum: In diesem Traum
erlebte ich die schönste Liebesbeziehung, die
ich mir nicht einmal hätte vorstellen können.
Mein Herz war so offen und voller Liebe, ich
fühlte mich mit meinem Partner so vertraut
und war von ihm angezogen, ich war so
glücklich und die Schönheit dieser Beziehung
war atemberaubend. Ich hörte von weit weg
meine Freundin, die bereits am Aufwachen
war. Nein, ich wollte wieder zurück in meinen
Traum! ... Leider war schon bald
Frühstückzeit, und im Haus hörte man
Stimmen und alle wurden wach; auch ich. Ich
schaute zu meiner Freundin rüber und
erzählte ihr meinen Traum. Sie schmunzelte
und sagte: „Dann hast du aber eine
wunderschöne Zukunft vor dir!" Ja, stimmt,
das war ja der Zukunftstraum, wurde mir
bewusst. Ich beschloss diesen Traum mit
genauem Datum in mein Tagebuch zu
schreiben, das ich bei Seminaren immer
dabeihabe. Noch lange spürte ich mein Herz,
als hätte ich diese Beziehung mit diesem Mann
in Wirklichkeit erlebt, in meinem Traum war er
mir so vertraut, als würde ich ihn bereits seit
langer Zeit kennen; Im Wachzustand wusste
ich aber nicht wer er war. Dieser Traum liess

mich wieder an eine wunderschöne
Liebesbeziehung glauben und ich hoffte, ihr im
physischen Leben, eines Tages zu begegnen.
Ich öffnete mich für diese neue Vorstellung
und das geschah dann auch.

Zwei Jahre später, nachdem ich schon längere
Zeit Mailkontakt mit einem wunderbaren
Mann hatte, dem ich auch ein paar Mal an
Seminaren begegnet bin, traf ich ihn wieder;
bei diesem Treffen war dann klar, dass wir ein
Liebespaar sein werden. Bald darauf erzählte
ich ihm von meinem Traum an jenem Seminar
in der Toscana und dazu blätterte ich in
meinem Tagebuch, um wirklich nichts zu
vergessen. Als ich das Datum von diesem
Zukunftstraum sah, machte mein Herz einen
riesigen Sprung; es war das gleiche Datum,
wie der Tag, an dem wir als Liebespaar
zusammenkamen. Ich möchte mich bei dieser
Gelegenheit bei Rolf von ganzem Herzen
bedanken, dass er in mein Leben gekommen
ist, dass wir eine wunderbare Beziehung
haben und lernen durften unsere Herzen für
die Liebe weit zu öffnen. Das gibt uns die
Möglichkeit mehr zu sein als wir jemals sein
könnten! Es gibt für mich nichts schöneres,
als die Erfahrung mit offenem Herzen zu lieben
und alles was mich berührt, mit meinem
Liebsten teilen zu dürfen; so wie auch mein

Partner seine Empfindungen mit mir teilt. Ich wurde geführt, bekam diesen Traum, ich öffnete mich zum grossen Glück dieser neuen Realität, und ich wurde beschenkt.
Vielen herzlichen Dank!

Eine weitere Geschichte «sich führen zu lassen»

Rolf erzählte mir von Indien, der Oneness Universität die er besuchte. Er war sehr begeistert von den Weisheiten, die er dort erfahren hatte und zeigte mir auch die Fotographie von Amma und Bhagavan, (was so viel heisst wie spirituelle Lehrerin und spiritueller Lehrer) den Gründern dieser Universität. Vor allem das Bild von Bhagavan berührte mich sehr tief, als ich sein Gesicht anschaute. Als mir Rolf aber erzählte, dass während der Ausbildung die Leute dort in einem Ashram leben, bis zu zwölf Personen in einem grossen Raum übernachten, sagte ich sofort, dass ich das auf keinen Fall möchte, mit so vielen Menschen Tag und Nacht zusammen zu sein; ich wusste, dass ich mich unbedingt zurückziehen können muss und vor allem alleine schlafen möchte und nicht mit zwölf Leuten in einem Zimmer. Also liess ich den Gedanken, eventuell auch für diese Ausbildungen nach Indien zu gehen, da die Erzählungen von Rolf und das Gesicht von

Bhagavan sehr verlockend waren, wieder fallen. Trotzdem war ich von Indien und der Idee dort hinzugehen sehr angezogen. Für Rolfs kommenden Geburtstag planten wir nach Indien zu fliegen, da der riesige Tempelbau von der Oneness University Organisation fertig war und eine grosse Veranstaltung zur Eröffnung dieses Tempels geplant war; genau am Tag von Rolfs Geburtstag.

Der Tag, an dem wir nach Indien Chennai flogen war gekommen. Als wir schliesslich dort landeten, erwartete uns ein Chaos, dass man nur kennt, wenn man in einer indischen Grossstadt war. Von überall tönten laute Stimmen, Hornsignale der Autos, Motoren, Menschen und man konnte sich nicht fortbewegen, ohne dass man von jemandem bedrängt wurde. Leute wollten für ein paar Rupien das Gepäck tragen, oder einem die Schuhe putzen, etwas verkaufen, Geld wechseln, bis wir bei den Taxiständen ankamen, wurden wir geschuppst, angesprochen, berührt, bis wir endlich in ein Taxi stiegen, den Preis für die Fahrt ins Hotel abmachten und losfuhren. Die schwüle Luft roch nach Abgasen und Curry, von einem Stand herkommend, an dem gefüllte Chapati verkauft wurden. Ich war sehr beeindruckt, dass man mit einem Auto durch so viel Chaos überhaupt fahren und sich fortbewegen konnte. Da fuhren Autos, Lastwagen, Fahrräder, Tuck Tuck, Motorfahrräder mit mehreren Leuten besetzt, Ochsen mit einem Zugwagen voll beladen, einzelne Kühe, Hunde, Fussgänger, alle versuchten sich kreuz und quer auf dem Strassennetz irgendwie fortzubewegen. Die Menschen versuchten sich mit lautem Geschrei, mit Hupen und mit den Händen zu verständigen. Nach eineinhalb Stunden, erreichten wir das Hotel, in dem wir uns für 2 Nächte, bevor die Reise zum Tempel weiterging, einquartierten. Zum Glück kannte Rolf dieses gute Hotel, das mir als ich es betrat, wie eine Oase, oder eine andere Welt in Mitten von dieser chaotischen Stadt erschien. Es war das Hotel Taj Connemara Chennai. Ein Butler mit einem Turban und weissen Handschuhen empfing uns hinter dem schweren Eisentor, das sich nur öffnete, wenn Gäste mit einem Chauffeur oder Taxi passierten. Das Eisentor war von zwei bewaffneten Garden bewacht, die Bettler und Strassenkinder vom Hoteleingang fernhielten. Der Butler mit Turban, war offensichtlich für unser Gepäck zuständig, das mit uns noch durch eine Sicherheitskontrolle musste, bevor der Eintritt in die Hotelhalle ermöglicht wurde. Sehr zuvorkommend wurden wir von professionellem Personal an der Rezeption empfangen, und dann wurde uns ein Zimmer zugewiesen. Todmüde sanken wir in einem sehr stilvoll eingerichteten Zimmer, nach einer langen Dusche in ein sehr angenehmes und bequemes Bett. Es war kurz vor Sonnenaufgang, wir zogen die schweren Gardinen aus Samt vor den leicht getönten Scheiben, durch die man den Blick auf einen Hinterhof des Hotels hatte, zu. Mit dem leisen Summen der Klimaanlage und dem dumpfen Verkehrslärm, der sich von den Strassen bis zu uns, durch die geschlossenen Fenster durchdrang, fielen wir in einen tiefen Schlaf.

Als wir nach einem kurzen Tiefschlaf aufwachten, musste ich mich zuerst zurechtfinden; wo war ich? Ein Hungergefühl machte sich bei uns beiden bemerkbar und so beschlossen wir frühstücken zu gehen. Ein Wintergarten, auf seiner Vorderseite offen zu einem schönen tropischen Garten mit Pool, lud uns zu einem ausgiebigen Frühstück ein, das wir sehr genossen. Nach diesem Essen und der langen Reise wurden wir wieder schläfrig; diesmal legten wir uns auf zwei von den bequemen Liegestühlen, die in dem tropischen Garten um den Pool verteilt unter einem schattigen Baum waren. Dieser Garten war sehr schön mit vielen Bäumen und Pflanzen

angelegt in Mitten von der grossen Stadt
Chennai, von der gedämpft der Lärm des
Verkehrs bis zu uns durchdrang. Auch hatte
man das Gefühl, dass der Himmel sehr
dunstig gräulich war; leider waren das die
vielen Abgase, die diesen Dunst verursachten.
Der Garten war trotz allem sehr schön und
beruhigend und die Wassertemperatur vom
Pool betrug 33C°. Bald einmal schloss ich
meine Augen und merkte wie ich immer
ruhiger wurde und der Verkehrslärm entfernte
sich mehr und mehr aus meinem Bewusstsein.
Plötzlich sah ich viele Leute um mich herum;
ich sass in einer Arena, die mich an ein
Amphitheater erinnerte. Diese Leute hatten
aber feinstofflichere Körper als die Menschen.
Sie waren auch etwas kleiner, zierlicher,
hatten keine Haare und sie leuchteten als
hätten sie ein goldenes Licht in sich
angezündet. Sie hatten längliche Gesichter
und Mandelförmige Augen; alle waren fröhlich
und in festlicher Stimmung. Jemand von
diesen Leuten begrüsste mich und erklärte
mir, dass hier, in dieser Parallelwelt zur
gleichen Zeit, wie auf der Erde ein Tempel
eröffnet werde, der auch als Unterstützung zur
Erhöhung der Schwingung auf der Erde
beitragen wird. Ich fühlte mich sehr wohl mit
diesen Lichtwesen und wohnte den fröhlichen
Vorbereitungen zur Eröffnung dieses Tempels

noch etwas bei, bis ich von weit weg den Verkehrslärm von Chennai wieder wahrnahm und im tropischen Garten neben dem Pool meine Augen öffnete.

Am nächsten Tag war es so weit: unser Taxi holte uns am Morgen, sehr früh beim Hotel ab und schlängelte sich langsam durch das rege Verkehrschaos aus der Stadt raus. Lange fuhren wir dann über Land, wo es ärmliche Dörfer gab, viele Reisplantagen und Hirten mit ihren Kühen oder Ziegen. Nach ca. drei Stunden Fahrt, wurde die Landschaft durch Hügel durchzogen; der Taxifahrer liess uns wissen, dass dies die Berge seien. Plötzlich bog der Fahrer von der Hauptstrasse ab, und wir befanden uns auf einer holprigen Nebenstrasse, die uns durch ein weiteres ärmliches Dorf führte. Was mich aber sehr beeindruckte war, dass diese Dörfer noch so ärmlich erscheinen mögen; aber die Saris der Frauen, leuchteten in den schönsten Farben und waren angefertigt aus wunderschönen Stoffen. Diese Saris machten aus, dass ein ärmliches Dorf nicht mehr traurig erschien. Für mich trugen diese Frauen mit diesen wunderschönen Saris bei, dass selbst in der Armut Schönheit, Freude und Würde vorhanden sein kann. Ich war sehr beeindruckt.

Als wir ein weiteres Dorf hinter uns liessen, tauchte am Horizont ein grosses Gebäude aus weissem Marmor auf. Majestätisch ragte die kunstvolle Architektur in den blauen Himmel. Der Oneness Tempel, zu dessen Eröffnung wir gekommen waren. Da wir nicht organisiert mit einer Gruppe dorthin gereist waren, baten wir den Taxifahrer, uns bis zum Tempel zu bringen und dort auf uns zu warten, damit wir später wieder zum Hotel zurückfahren können. Das macht man so in Indien, wenn die Distanz zum Fahren so gross ist. Man mietet sich einen Fahrer für den ganzen Tag.

Je mehr wir uns dem Tempel näherten, je mehr Verkehr und Menschen bewegten sich langsam auf der Strasse in Richtung Tempel. Darunter befanden sich Menschen zu Fuss, auf Motorrädern, Fahrrädern, in Automobilen, Buse, Traktoren, aber auch in Wagen gezogen von Maultieren oder Ochsen. Es waren tausende Menschen, die auf verschiedenste Weise versuchten an diesem Tag an der Eröffnung des Tempels teilzunehmen. Ich fühlte mich nicht mehr so wohl, da ich wusste, dass ich mit Menschenmengen nicht gut zurechtkomme. Trotz nur langsamen vorankommen, erreichten wir einen grossen Platz neben dem Tempel, wo der Taxifahrer uns aussteigen liess und er zeigte uns auch den Unterstand, in dem er mit anderen Taxifahrern zusammen auf uns warten wollte.

Nun standen wir inmitten von 500`000 Indern in der Nähe von dem Oneness Tempel, der an diesem Tag offiziell eröffnet wurde. Die Sonne stand senkrecht am Himmel und erhitzte nicht nur die Luft auf über 40C°, sondern auch der noch dunkle, neue Teerboden schien zu glühen. Wir fingen an, uns langsam mit der Menge in Richtung Tempeleingang zu bewegen.

Ich hatte schon immer ein grosses Problem, sobald ich mich in einer Menge von Leuten aufhalten muss. Meistens sehen die Erfahrungen so aus: zuerst wird es mir schlecht, kalter Schweiss und schneller Puls machen sich bemerkbar, es wird Schwarz vor meinen Augen und dann falle ich unsanft und unkontrolliert, bewusstlos auf den Boden. Genau diese Symptome machten sich nun beim langsamen Vorankommen Richtung Tempel bemerkbar. Ich sagte zu Rolf, dass es mir gar nicht mehr gut gehe und dass ich nicht mehr lange in dieser Menschenmenge auf den Füssen stehen könne. Rolf nahm mich bei der Hand und führte mich an den Wegrand, etwas aus der Menge raus. Hinter einer Absperrung eines Weges, auf dem ein langer roter Teppich lag der zum Tempel führte, aber nicht für die Öffentlichkeit bestimmt war, tauchte wie aus dem Nichts ein junger, indischer Mann auf, der uns sofort ansprach. Er fragte uns, ob wir den nicht in den Tempel, zu den Ehrengästen rein möchten? Und bevor wir antworten konnten, öffnete er schnell für uns die Absperrung und führte uns in einen angenehm kühlen Raum des Tempels. Wir schauten uns um und bemerkten viele internationale Gäste, die anscheinend eine Spezialeinladung für diese Tempeleröffnung bekommen hatten. Der junge Mann zeigte uns ein grosses bequemes Sofa und offerierte uns kühles Wasser.

Langsam konnte ich mich wieder erinnern, was da genau geschehen war. Es kam uns beiden vor, als wären wir gerettet worden. Wir bedankten uns bei dieser helfenden Kraft.

Die Geschichte geht weiter: Da wir nicht mit einer Gruppe gereist waren, wussten wir nicht, dass es für die Einweihung des Oneness-Tempel, für alle aus dem Ausland einen speziellen Pass brauchte, um überhaupt daran teil nehmen zu können. Also mussten wir den Weg aus dem Tempel Richtung Campus, in dem alle Europäer sich versammelt hatten, zurückgehen, um diesen Pass zu bekommen. Ich fragte mich, «was mach ich eigentlich hier, warum sind wir hergekommen?» Wir machten uns wieder auf den Weg nach Draussen, diesmal gegen den 500 Tausend köpfigen Strom aller Inder, die diesen Augenblick der Eröffnung nicht versäumen wollten. Als ich erfuhr, dass dieser Campus ca. zweieinhalb Kilometer weg vom Tempel sei, und sich die erbarmungslose Hitze wieder über uns ausbreitete, ging mir der Gedanke durch meinen Kopf, dass ich das nie lebendig überstehen würde. Wir wurden von allen Seiten gestossen und gedrückt, da wir ja gegen den Strom Richtung Campus unterwegs waren. Ich fing an, still vor mich hin zu beten: «bitte, wer auch immer ihr seid, helft uns noch mal aus dieser Situation raus, wir brauchen dringend Hilfe»; ich sprach auch Amma Bhagavan an, die Gründer der Oneness-Universität, von denen diese ganzen Weisheiten, die an dieser Universität unterrichtet wird, entspringt. Von denen ich bis her nur ein Bild gesehen habe das mich aber sehr berührt hatte.

Langsam erreichten wir den Parkplatz, bei dem unser Fahrer uns rausgelassen hatte. Bevor wir ihn suchen mussten, er war nicht bei seinem Fahrzeug, da er uns erst am Abend erwartete, winkte uns ein russischer Mann, der mit einer Gruppe von Leuten aus Russland bereit war zum Campus zu fahren, und fragte uns, ob wir mit ihnen zum Campus mitfahren

möchten. Diesmal bedankten wir uns sofort
für die Hilfe und Unterstützung, die wir bereits
das zweite Mal bekommen hatten und dann
fuhren wir mit dem kleinen Bus voller
aufgestellten Russen, langsam durch die
tausenden von Inder, die Richtung Tempel
pilgerten.

Im Campus angekommen, erfuhren wir, dass
die Europäer, Amerikaner, Russen, Japaner,
Australier... und sonst noch viele Weisse aus
allen Nationen leider nicht an die
Tempeleröffnung gehen dürften, da es dort
durch die unkontrollierte Menge von Indern
viel zu gefährlich für uns sei. Niemand hätte
erwartet, dass so viele Inder aus ganz Indien
zu dieser Eröffnung kommen würden. Dafür
gäbe es für uns alle eine Überraschung. Amma
Bhagavan würden uns am nächsten Tag
ausserhalb vom Tempel, in einem abgelegenen
Haus empfangen und ein ganz spezielles
Darshan geben. Ein Darshan für alle
diejenigen, die aus aller Welt von weit her zu
dieser Tempeleröffnung gekommen seien.
Darshan bedeutet «das Göttliche sehen».

Wir waren plötzlich so was von erleichtert und
freuten uns sehr über diese Nachricht! Wir
ruhten uns unter den grossen Mangobäumen
im Garten des Campus etwas aus und
machten uns hinter unser mitgebrachtes

Essen, das uns wieder etwas stärken sollte.
Das Wasser war sehr warm und die Bananen
erinnerten uns an heissen, bräunlichen
Kartoffelbrei mit Zucker. Da unser Proviant
unter dieser Hitze ebenfalls zum Kochen kam.

Es war uns bewusst, dass wir die zweieinhalb
Kilometer zum Tempelparkplatz wieder
zurückgehen mussten, damit uns unser
Taxifahrer wieder nach Chennai zum Hotel
bringen konnte. Schnell besorgten wir diese
wichtigen Pässe, die wir auch für den morgigen
Darshan, der aber an einem ganz anderen Ort
stattfand brauchten und machten uns mit der
Vorstellung, dass es nicht mehr so viele
Menschen und Fahrzeuge Richtung Tempel
haben wird, auf den Weg. Leider war dem
nicht so. Es hatte immer noch genauso viele
Menschen und Fahrzeuge auf der einzigen
schmalen Strasse zum Tempel. Wir mischten
uns unter diesen Strom und kamen nur sehr
langsam voran. Die vorbeifahrenden Buse,
vollgestopft mit Menschen überholten uns mit
einem Abstand von ein paar wenigen
Centimetern. Wie auch Lastwagen, Ochsen,
Motorräder und sogar Traktoren. Viele waren
wie wir zu Fuss unterwegs. Ich war mir
bewusst, dass auf diese Art zweieinhalb
Kilometer endlos sein werden. Und ich bekam
jedes Mal, wenn ein Fahrzeug uns mit

Centimeter kleinem Abstand überholte
panische Angst, denn die Wahrscheinlichkeit
in dem Strom von Menschen geschupst, und
somit überfahren zu werden, war sehr gross.
Je länger wir auf dieser Strasse versuchten
voran zu kommen, je mehr steigerte sich
meine Panik. Die Hitze fühlte sich immer noch
gleich unerträglich an wie vorher und die
Menschenmenge plus Fahrzeuge schienen sich
noch zu vermehren. Ich fing wieder an zu
beten; in dem Sinn wie: «Entschuldigung, ich
bin es schon wieder...» Ich hoffte, dass mein
Gebet ein drittes Mal angehört würde; weil die
langen zweieinhalb Kilometer unter diesen
Umständen konnte ich mir einfach nicht
vorstellen.

Plötzlich hatte ich das Gefühl, dass ich mich
umdrehen musste. Was ich da sah, freute
mich enorm. Ein neuer, beigefarbener
Personenwagen mit getönten Scheiben und
einem Mann, der das leere Fahrzeug in
Richtung Tempel fuhr, näherte sich uns
langsam von hinten. Ich rief: «Schau Rolf, da
kommt unsere Rettung!» Rolf schaute sich um,
und wusste noch nicht, was ich mit Rettung
genau meinte. Ich stellte mich vor dieses Auto
und deutete dem Fahrer, dass er uns bitte
mitnehmen sollte. Der hielt sofort an, stieg
aus, und öffnete uns die hinteren Türen, als

wäre das für ihn selbstverständlich, uns mitzunehmen. Wir liessen uns auf dem weichen Ledersitz, der noch mit Plastik überzogen war, als käme das Auto frisch von der Fabrik, nieder und genossen die kühle Luft, die uns von der Klimaanlage entgegen blies. Der Mann erklärte uns, dass er einer der Fahrer von der Organisation der Tempeleröffnung sei. Und wahrscheinlich musste er eine wichtige Person vom Tempel abholen gehen.

Rolf war erstaunt, was da in sehr kurzer Zeit geschehen war; neben all den zu Fuss strömenden Menschen, den überfüllten alten Vehikel, kam dieses neue, leere, gekühlte Auto und nahm uns einfach mit? Ich bedankte mich von ganzem Herzen, dass mein Gebet (schon wieder) erhört wurde und sofort Hilfe gekommen war; das war an diesem Tag bereits das dritte Mal! Und ich bin überzeugt, uns wurde bewusst Hilfe geschickt.

Bald hatten wir den grossen Parkplatz erreicht, auf dem unser Fahrer auf uns wartete und uns dann zurück nach Chennai in unser Hotel brachte. Was für ein Tag; aber mir war immer noch nicht bewusst, warum wir eigentlich da waren.

Am nächsten Morgen kam uns der gleiche Fahrer wieder abholen, und brachte uns zu dem Ort, an dem dieses speziell für uns geplante Darshan   stattfinden sollte. Wir waren nur noch ca. siebzig Leute, die sich dort vor einem kleinen Tempel versammelten und warteten, bis wir in den Tempel eintreten durften. Einige von ihnen, mehr als die Hälfte der Leute die am Tag der Eröffnung noch im Campus waren, mussten wieder zurückfliegen, da sie so gebucht hatten. Sie kamen aus ganz Europa, Asien, Russland, den Staaten, und Australien. Als die Türen sich öffneten, strömten alle rein, und setzten sich auf den hingelegten Fussmatten auf den Boden.

Nach einer Weile kamen Amma und Bhagavan rein, und setzten sich gegenüber von uns, auf eine leicht erhöhte Plattform. Sie liessen uns alle herzlich willkommen für dieses Darshan, das anscheinend genau für die Leute bestimmt war, die genau jetzt in dem Moment dort in diesem Tempel sassen. So teilten sie es uns mit. Ich wusste sofort, dass ich gegenüber von zwei sehr hochschwingenden und weisen Menschen sass, und fühlte mich gerührt, etwas aufgeregt und auch sehr geehrt, jetzt in diesem Moment da sein zu dürfen.

Amma und Bhagavan schlossen die Augen, hoben ihre Hände hoch, als würden sie einen

Energiestrom aktivieren, der für uns bestimmt war.

Nach kurzer Zeit geschah etwas Unglaubliches. Ich schloss ebenfalls meine Augen und spürte wie sich plötzlich auf meinem Kopf, dort wo die Fontanelle beim Säugling noch offen ist, wieder eine Öffnung bildete. Danach fühlte es sich an, als würde eine dickflüssige Masse, im Vergleich wie Honig, langsam in den Kopf durch diese Öffnung reinfliessen. Ich sah vor meinem inneren Auge verschiedene goldene Lichtkugeln, die auf mich zukamen. Es war total magisch und mein Herz raste; ich finde keine anderen Worte, die dieses Erlebnis beschreiben könnten.

Ich hatte auch kein Zeitgefühl mehr. Nach einer Weile war alles vorbei, und es wurde uns noch gesagt, dass wir, ein paar auserwählte Menschen aus verschiedenen Nationen das, was wir da erhalten haben, in die Welt bringen sollen. Ich hatte das Gefühl, als hätte ich sehr tief geschlafen und geträumt; ich musste mich zuerst wieder erden. Auf dem Weg zurück in unser Hotel, tauschte ich mich mit Rolf aus; er hatte genau dasselbe Empfinden mit der «Honig» ähnlichen Flüssigkeit, die in seinen Kopf floss und den goldenen Lichtkugeln. Jetzt endlich wusste ich, erst jetzt am Schluss von dieser Tempeleröffnung, warum wir da waren. Wir haben uns führen lassen; auch wenn alles sehr anstrengend und unbequem war. Es wurde uns im richtigen Moment geholfen und wir bekamen ein wunderbares, sehr wertvolles Geschenk. Wir bekamen an dem Tag eine Übertragung von unbegrenzter Weisheit und Bewusstheit, die uns von dem Tag an immer begleitet; ein Teil von uns ist. Es ist sehr schwierig die richtigen Worte zu finden, um das zu erklären. Es ist so, als wäre da ein Kanal zu der totalen Weisheit präsent, die in jeder Situation abrufbar ist.

Als wir wieder zu Hause waren, wusste ich, dass ich diese Ausbildungen an der Oneness University Chennai auf jeden Fall machen wollte. Auch wenn ich mit zwanzig Frauen in einem Zimmer schlafen müsste. In diesem Jahr waren wir dreimal dort und bekamen an dieser Schule die weit aus beste Ausbildung, die wir je hatten. Es wurde uns so viel bewusst, es war eine Erfahrung, die uns sehr viel weitergebracht und auch ermöglicht hat diese Weisheit und Bewusstheit an andere Menschen weiter zu geben. In Form von Coaching-, Therapiesitzungen, oder Seminaren. Wir bauen dieses unendlich grosse Geschenk von dieser Weisheit in allem was wir tun, mit ein.

Zu dieser Zeit, besuchen wir weitere Seminare von unseren Lehrern aus Indien. Sie unterrichten jetzt auf der ganzen Welt. Die Schule heisst: One world academy a School of wisdom – das heisst eine Schule der Weisheit. Bewusstsein hört nie auf. Wir können uns immer weiter entwickeln und lernen; damit wir es auch weitergeben können. Damit so viele Menschen wie möglich aus einem glücklichen und wundervollen Zustand ein neues Dasein kreieren und helfen, die Schwingung unseres Planeten zu erhöhen!

Wir sind alle Magier

Wir haben die Möglichkeit alles zu transformieren, was uns nicht entspricht, oder was uns nicht gefällt. Wir haben die Möglichkeit, alle unsere Wünsche wahr werden zu lassen. Wir haben den Zugang Heilungskräfte in uns zu aktivieren, wichtige Informationen zu bekommen, Hellsehen, Hellwissen und Hören. Der Schlüssel dazu ist Folgendes:

Herzenergie/Liebe

Vertrauen

Mut

Einzigartigkeit

Einfühlungsvermögen

Bewusstheit

Dankbarkeit

und alle zusammen geben dann diesen wunderbaren **Seins-Zustand**

Wenn wir diese Seins-Zustände mehr und mehr in unser Leben einfliessen lassen können, dann befinden wir uns nicht nur in einer höher schwingenden Frequenz, sondern es gelingt uns wirklich alles, was unser Herz begehrt. Dazu kommt noch, dass unser Immunsystem gestärkt wird, dass wir ein wunderbares, starkes Energiefeld um uns aufbauen und somit andere Menschen inspirieren dies für sie selber auch umzusetzen. Dies geschieht aus einem ganz einfachen Grund. In diesem wunderbaren Seins-Zustand fühlen wir uns wunderbar und wir sind sehr glücklich. Dieser Zustand beeinflusst auf sehr kraftvolle Art, was auch immer ich gerade tue. Es ist ein riesiger Unterschied, ob ich aus einem wunderbaren Seins-Zustand zum Beispiel Unternehmungsleitung betreibe, oder aus einem Zustand geprägt von niedrigem Selbstwert, Ängsten, verärgert sein...usw.

Das Gleiche gilt für jede Art von Aktionen in unserem Leben: Erfolg anziehen, Partnerschaft, Vater/Mutter sein, und jetzt könnte ich auch noch jeden Beruf den es gibt aufzählen. Alles in unserem Leben passt sich an unseren Seins-Zustand, unserem Bewusstsein, unseren Emotionen, unseren Gedanken, die wir dazu aufbauen an. Wenn wir etwas tun aus Angst, ernten wir als Resultat Gefahr. Haben wir zu wenig Selbstvertrauen, sind wir nicht zufrieden mit dem Resultat. Können wir nicht dazu stehen, zu dem was wir tun, reagiert unser System mit Disharmonie in der Psyche, oder Krankheiten können auftreten. Es sind also nie die Umstände die uns verärgern, oder unzufrieden stimmen, es sind immer wir, die genau das bekommen, was wir ausgesendet haben. Ob wir wirklich mit ganzem Herzen dabei sein können, ob es authentisch mit uns ist, was wir gerade tun, oder eben nicht. Dazu kommt mir ein Beispiel in den Sinn. Meine Tochter Sarah ist zurzeit in einer berufsbegleitenden Weiterbildung, sie möchte noch den Master auf Heilpädagogik erreichen. Diese Ausbildung, man verstehe führt zu einem Beruf, der Lernbehinderung zu transformieren und optimale Lernmotivation in Form von Förderungspläne, individuell auf psychologische und/oder soziale Störungen eingehend, zu gestalten vermag. Meine Tochter sah darin eine Berufung die es ihr ermöglicht, individueller und freier mit den Kindern zu arbeiten, als eine Lehrperson, die Minutengenau den Lernplan umsetzen sollte und keine Zeit mehr findet auf individuelle Störungen, oder Blockaden der Kinder eingehen zu können.

Bereits im Alter von 21 Jahren, schnupperte sie ein halbes Jahr in einer Sonderschule für Sprach- und Lernbehinderung und durfte zum Teil Lektionen und Klassen übernehmen. Sarah ging richtig auf und erfand tolle Lernspiele, mit denen die Kinder Freude am Lernen bekamen. Die Kinder liebten es, mit ihr Schule zu haben. Der damalige Schulleiter rühmte sie sehr und sagte zu ihr, «schade, dass du noch den langen Ausbildungsweg machen musst; ich würde dich sofort einstellen.»

Nach dem halben Jahr absolvierte sie drei Jahre Pädagogische Hochschule, arbeitete als Lehrerin und bewarb sich später für eine Aushilfe in der Heilpädagogik für weitere zwei Jahre. Die Schulleitung motivierte sie nun auch noch den Master auf HP zu machen, damit sie staatlich anerkannte Heilpädagogik abgeschlossen habe.

Die 3 Jahre an der PH waren bereits sehr hart und viel Stoff musste eingeprägt werden. Und nun erwartete sie weitere drei Jahre, aber diesmal berufsbegleitend. Zwei Jahre sind absolviert und für das dritte Jahr hat Sarah keine Energie mehr. Während den zwei Jahren, die sie unter grösster Anstrengung geschafft hatte, brannte sie buchstäblich aus, wurde krank, ihr Immunsystem wurde geschwächt, ihre Psyche so strapaziert, dass sie depressiv wurde und man schickte sie zur Behandlung in eine Psychiatrie-Praxis, wo sie regelmässig Sitzungen bekam.

Schlussendlich, zu diesem Zeitpunkt in dem ich diese Zeilen schreibe, hat sie sich für ein Jahr Auszeit von diesem Studium entschieden. Sie hat sich auch immer wieder gefragt, ob das wirklich ihr Leben sein soll, ob diese Entscheidung richtig war, ob sie am richtigen Ort ist, oder ob alles eine totale Fehlentscheidung war.

Ich selber habe ein riesiges Fragenzeichen! Wenn ich an die Zeit zurückdenke, als sie voller Begeisterung, nicht geprägt von irgendeiner Ausbildung, voller Motivation mit den Kindern die eine Lernbehinderung hatten, erfolgreich arbeitete. Und jetzt, nach fünf Jahren Ausbildung und etlichen Jahren Praktikum, ist sie körperlich und psychisch so geschwächt, dass sie einfach nicht mehr weitermachen kann. Dass sie sich fragt, ob das ihr Leben sein soll!!!

Also ich interpretiere, dass an diesem Ausbildungs-System eindeutig etwas nicht stimmen kann. Weil Sarah ist nicht die einzige Person, die das so erlebt. Auch wenn sie nicht zu denen gehört die gerne und leicht lernen und leider alles auf den letzten Zeitpunkt aufschiebt, gibt mir die Entwicklung dieser Geschichte sehr zu denken. Und ich hoffe auch sehr, dass solche Geschichten bei den richtigen Leuten ankommen werden; damit es sie motiviert, das Ausbildungssystem für Heilpädagogen, die lernbehinderten Kindern und jungen Menschen einen aufbauenden Weg zum Lernen zeigen sollten, noch einmal von A-Z zu hinterfragen. Damit sie sich unter anderem die Frage stellen, ob sie mit ihrem System jungen Menschen die Unterstützung zu diesem wunderbaren Beruf mit auf den Weg geben, oder ob sie mit einer total erneuerungsbedürftigen Methode jungen Menschen, die sich für diese Aufgabe berufen fühlen, den Mut, die Motivation und die Gesundheit nehmen?

Ich bin froh, dass sich Sarah für dieses Jahr Auszeit entschieden hat und erkannt hat, dass ihr die Kraft physisch und psychisch fehlt, ein weiteres Jahr berufsbegleitende Hochschule auf diese Art zu schaffen. Ich kann sie dabei nur unterstützen und hoffe, dass sie bald wieder in ihre Kräfte kommt und gesundwird.

Mit dieser Geschichte möchte ich noch einmal darauf hinweisen, dass alles was wir tun, authentisch sein sollte, damit wir in unserer Kraft bleiben. Sind wir durch eine Situation an ein System gehaftet das uns überhaupt nicht entspricht, gibt es zwei Lösungen: wir treten aus und suchen eine andere Möglichkeit hinter der wir stehen können, oder wir lassen alles mit uns geschehen, auch wenn wir damit im Widerstand sind. Leider führt die zweite Möglichkeit meistens zu körperlichen Beschwerden, psychischen Belastungen, oder sogar ernsthaften Krankheiten.

Wir lernen bereits in der Schule, dass das Leben hart ist, dass man sich anpassen soll und nur so werden wir akzeptiert und gehören dazu. Wir werden im frühsten Alter darauf vorbereitet, im System schön brav mitzumachen, auch wenn es uns nicht gefällt, oder uns sogar krankmacht und schwächt. «So ist das Leben.» Also, wenn dann jemand einen Master in einem verantwortungsvollen Beruf machen möchte, wird er bis auf die äusserste Belastbarkeit gefordert und ist somit ein Produkt, dass gelernt hat alles bis auf die letzte Kraft zu geben und zu akzeptieren was gefordert wird. Und diese Menschen sind dann soweit konditioniert, dass sie diese Struktur dann selbstverständlich ohne Hinterfragung weitergeben. Wie also können wir etwas verändern? Damit junge Menschen wieder motiviert sind und voller Freude ihren Beruf lernen und weitergeben können? An dieser Stelle möchte ich auf einen Bericht hinweisen.

Jack Ma, der Gründer von Alibaba, (dem chinesischen Amazon), macht auf folgendes aufmerksam: Er sagt: Nur mit Veränderung der Ausbildung können unsere Kinder weiterkommen. Weil die Maschinen und die ganze Technologie übernimmt alles Wissen. Roboter ersetzen 800 Millionen Jobs bis zum Jahr 2030. Wir können nie alles auswendig lernen, was Google gespeichert hat... Ausbildung ist jetzt zu einer grossen Herausforderung geworden. Wenn wir nicht die Art wie wir unterrichten ändern, befinden wir uns bald in sehr grossen Problemen. Weil das was wir unseren Kindern beibringen, ist auf einer Basis von 200 Jahren zurück aufgebaut. Die Maschinen haben uns längst überholt. Lehrer müssen aufhören in ihrem Unterricht den Fokus auf Wissen zu richten. Wir müssen anfangen, die Sachen zu unterrichten, die die Maschinen nicht können.

Wie zum Beispiel Werte, Glauben, unabhängiges Denken, Anteilnahme und Mitgefühl für Mitmenschen, Intuition, Vision, Teamwork... dann kommt sicher Sport dazu, Musik, Mahlen, alle Formen von Kunst und kreativen Ausdrucksmöglichkeiten wie Theater, Tanz... alles was uns Menschen von Maschinen unterscheidet.

Ich denke, dass uns eine solche Veränderung in eine wertvolle Lebensexistenz bringen würde. Auf den Punkt gebracht, stehen genau solche Veränderungen an, damit wir uns transformieren können. Liebe Leser, wir sehnen uns ja alle nach einer friedvollen Welt, in der wir uns Angst frei nach Herzenslust zum Ausdruck bringen können; sonst würdet ihr wahrscheinlich nicht dieses Buch lesen. Aber wir selber müssen das Beispiel für diese Veränderung sein. Wir können nicht warten, bis sich im Aussen etwas verändert. Also fangen wir bei uns selber an!

Somit wäre ich wieder bei dem Anfang von diesem Kapitel. Wir sollten uns achten, dass wir uns mit allem was wir in unserem Leben tun, in einem wunderbaren Zustand befinden. Und da gehören die am Anfang erwähnten Punkte dazu. Es handelt sich da nicht um etwas, dass wir uns auf gedanklicher Ebene beibringen können, sondern es geht hier um einen Zustand des Seins, oder anders gesagt um eine Art zu leben.

In diesem Moment möchte ich noch gerne auf die aufgezählten Punkte am Anfang von diesem Kapitel einzeln eingehen. Ich möchte ja auf einen Seins-Zustand hinweisen, indem all die aufgezählten Punkte enthalten sind.

Herzenergie Liebe

Wenn wir uns in Herzenergie und Liebe aufhalten, bedeutet das, dass wir in vollständiger Akzeptanz zu allem was ist sind, auch/und vor allem mit sich selbst. Was bedeutet keine Zweifel zu haben, nicht unzufrieden, oder im Konflikt sich selber und anderen gegenüber zu sein. Es ist ein Zustand, den wir bei kleinen Kindern beobachten können. Kinder im Vorschulalter, bevor sie erfahren müssen was es heisst ein guter, disziplinierter, gehorsamer, vorsichtiger und williger Mensch zu werden, halten sich vorwiegend in dieser Herzenergie auf. Man sieht sie lachen und spielen, sie hüpfen statt gehen, sie interessieren sich an allem was ihnen begegnet, Angst kennen sie nicht, nur die paar Sachen, von denen sie gehört haben wie gefährlich sie sind, aber das macht noch nicht wirklich Sinn für sie. Sie sind von Tieren und Pflanzen begeistert, sie erfreuen sich für leuchtende, glitzernde Gegenstände, sie sind offen für alles Neue und fragen viel, weil sie alles neu entdecken und erfahren wollen. Mit strahlenden Augen beginnen sie jeden Tag auf das neue und schliessen sie immer noch strahlend, wenn sie am Abend schlafen gehen.

Auch bei jungen Tieren, Welpen zum Beispiel, kleinen Kätzchen, oder Fohlen; die freuen sich einfach an allem was ihnen so begegnet und sie wollen nur spielen und Freude haben. Darum geht bei uns Menschen auch das Herz auf, wenn wir sie beobachten; weil wir diese unverdorbene Vertrautheit, und gleichzeitig auch die zarte Verletzlichkeit eines solchen Wesens spüren. Das führt uns automatisch auch in die Herzenergie und wir sind gerührt und empfinden Liebe. Herzenergie und Liebe ist also ansteckend. Wir fangen in diesem Moment an zu lächeln, unsere Augen glänzen, oder füllen sich manchmal mit Tränen, wenn wir im Herzen berührt sind. Wir setzen uns in eine Gruppe von kleinen Welpen und freuen uns über die tollpatschigen Fellknäuel die versuchen an uns rauf zu krabbeln.

Einfach ist es für uns in die Herzenergie zu gehen und Liebe zu empfinden, wenn wir mit einem Menschen zusammen sein können, der uns sehr nahe   steht und mit dem wir eine tiefe Verbindung haben. Ich spreche hier nicht von «verliebt sein». Ich spreche von Liebe. Das heisst diesen Menschen zu fühlen, in seine Gedanken und Gefühle eintauchen zu können und zu empfinden, als wären wir zu ihm geworden. Den Wunsch zu haben, ihn glücklich zu sehen und Freude empfinden, wenn das so ist. Es ist dann so, als würde eine Wärme aus dem Herzen in uns aufsteigen die so kraftvoll ist, dass sich unsere Augen mit Tränen der Freude füllen können. Diese Herzverbindung ist durchaus auch zu einem Kind, oder einem Elternteil, einem sehr guten Freund/in, oder auch zu einem Tier möglich.

Es gibt auch die Möglichkeit in die Natur raus zu gehen und einfach zu schauen, zu riechen und zu hören, was da alles um uns ist. Wunderschöne Blumen die duften, alte majestätische Bäume die allen Kraft und Schutz geben, die untergehende Sonne die alles in einen sanft rötlichen Schimmer einhüllt, die rhythmischen und gleichzeitig beruhigenden Geräusche der von einer sanften Brise bewegten Wellen die das Ufer des klaren Sees erreichen, die Vögel die gerade ihr bezauberndes Lied trillern, tanzende Schmetterlinge, eine Entenmutter, die sich um ihre kleinen Federbällchen sorgt... Auch das bringt uns in die Herzenergie und Liebe.

Wichtig ist dabei aber immer, dass wir uns im Jetzt befinden und nicht von Gedanken abgelenkt werden, die uns zum Beispiel ermahnen, was wir heute noch alles machen müssen. Damit wir diese schönen Momente voll auskosten können und unser Herz sich öffnen kann, müssen wir den Gedanken sagen, dass sie uns für einen Moment in Ruhe lassen sollen. Und dann widmen wir uns wieder voll und ganz dem magischen Moment des Hier und Jetzt.

Vertrauen

Was heisst das im Vertrauen zu sein?

Zuerst einmal sollten wir uns selber vertrauen. Das heisst sich selber anzunehmen, wie wir sind. Sobald wir Angst haben, dass wir zu wenig intelligent, schnell, stark, schön, professionell, usw. sind trauen wir uns etwas nicht zu und wir zweifeln an uns selber; haben also kein Vertrauen. Dann gibt es auch noch das Misstrauen gegenüber äusseren Sachen wie: mir könnte etwas Schlimmes zustossen, ich könnte schwer krank sein, mich angesteckt haben, das Flugzeug in dem ich bin stürzt vielleicht ab, mein Freund könnte mich betrügen, mein Job verliere ich sobald... Da ist also   Angst, dass etwas Schlimmes auf uns zu kommt, oder dass wir es einfach nicht schaffen werden. Und genau die Ereignisse, vor denen wir uns so fürchten, ziehen wir genauso an. Wir sind dann wie gefangen von diesen Ängsten und es wird auch bestätigt, dass es «die Wirklichkeit» ist. Es entsteht in unserer Stimmung eine steile Abwärtsspirale, aus der wir nur schwer, oder mit therapeutischer Hilfe wieder rauskommen. Wir sind unzufrieden, traurig, oder sogar wütend. Und glaubt mir liebe Leser, es bringt uns ganz sicher nicht weiter! Es trennt uns von allem, wir kommen uns verlassen und einsam vor, wir leiden, das Immunsystem wird geschwächt, wir werden apathisch und haben keine Lust mehr.

Sind wir aber zuversichtlich und haben Vertrauen in uns selber, sieht alles ganz anders aus. Wir freuen uns auf eine Herausforderung, wir glauben an uns, dass wir es schaffen, weil wir wissen, dass wir unser Bestes geben. Sind wir im Vertrauen, kommen wir weiter und es bringt uns auf allen Ebenen Erfolg. Automatisch verlieren wir in diesem Zustand auch die Angst, dass uns etwas Schlimmes von aussen geschehen könnte. Wir sind ja sehr gut unterwegs und wir sind uns dessen auch bewusst.

Vertrauen ist das Gegenteil von Angst. Und hier möchte ich noch einmal auf das Resonanzgesetz hinweisen, das immer wieder beweist, dass wir genau das bekommen, was wir energetisch aussenden. Haben wir Angst vor etwas, ziehen wir genau das an, vor dem wir Angst haben. Nur ein kleines Beispiel: mein Lebenspartner Rolf hat Angst vor Schlangen. Wer immer alle Schlangen sieht, ob im Tessin, in Indien, in Südamerika bei einem Ausritt mit den Pferden, hier in Italien, das ist selbstverständlich immer Rolf. Und jedes Mal erschreckt ihn das fürchterlich. Ich selber habe Angst vor Spinnen. Jetzt dürft ihr raten, wer alle Spinnen in den verschiedensten Grössen, zum Teil mit behaarten Beinen und überall auf der Welt, draussen, oder in Häuser, in der Dusche, sieht... ich natürlich; und erschrecke mich so sehr, dass ich verzweifelt nach Rolf rufe, dass er bitte diese Spinne wegnehmen soll. Mit diesen typischen Erlebnissen, kann man auf einfache Art sehen, wie das Resonanzprinzip funktioniert. Das trifft auf all die Sachen zu, denen ich Aufmerksamkeit gebe. Ob auf positive oder negative Art, spielt keine Rolle. Gedanken und Gefühle bilden somit ein Energiefeld, das sich manifestiert. Und jetzt bitte nehmt euch ein wenig Zeit und denkt darüber nach, was für Gedanken in euch hochkommen, in Bezug auf gewisse Situationen und Ereignisse in eurem Leben. Sind das Ängste-, Zweifel-, oder Stressgedanken? Kommen da noch Emotionen dazu, dann wird alles um ein Vielfaches gestärkt. Und nun die zweite Frage: was könnte ich mit diesen Gedanken und Emotionen anziehen? Wie fokussiere ich meine Energie? In Bezug auf Gesundheit, Partnerschaft, Beruf, meinen Körper, Wohnsituation, usw. Geht bewusst durch alle Lebenssituationen und Bereiche durch.

Natürlich trifft das auch zu, sobald ich Vertrauen habe, dass alles gut gehen wird, dass ich total zu mir stehe und weiss, dass ich mein Bestes gebe und mich genauso akzeptiere wie ich bin. Dann fokussiere ich meine Gedanken auf ein gutes Gelingen und entwickle auch dementsprechende unterstützende Gefühle dazu, die dann auch alles um ein Vielfaches stärken; aber diesmal in eine andere Richtung.

Vertrauen zu sich selber aufbauen, ist eine der wichtigsten Einflüsse für eine positive Transformation in unserem Leben! Sind wir mit dem Herzen verbunden, gelingt «das Vertrauen» aufzubauen auf eine sehr einfache Art, weil im Herzenszustand tritt der Verstand in den Hintergrund und hat nicht mehr so viel Einfluss auf uns. Weil der Verstand arbeitet sehr eng mit all unseren persönlichen «schlechten Erfahrungen» die wir in unserem ganzen Leben gemacht haben, plus er sammelt all die angsteinflössenden Medienberichte die uns auf allen Ebenen warnen und indirekt bedrohen. Dazu kommt der grosse Einfluss von unserem System, das uns gelernt hat wie wir uns zu verhalten haben um akzeptiert und sicher durch das Leben zu kommen, dies wird alles hochgerechnet, und das Resultat ergibt dann unsere kritische Weltanschauung. Da wir meinen, dass wir selber der Verstand sind, denken wir, dass das die Wahrheit oder die Realität ist, was der Verstand uns sagt! Wir verteidigen den Verstand dann auch indem wir ihn Vernunft, Erfahrung, Gewissen, oder Wissen nennen. Der Verstand hat selbstverständlich eine wichtige Aufgabe in unserem Leben: Wir brauchen ihn z.B. im alltäglichen Verkehr und er versorgt uns mit grundlegendem Allgemeinwissen das wir brauchen um zu überleben. Aber wir dürfen ihn nicht so wichtig nehmen, dass er mit über uns und unser Leben bestimmen kann.

Sind wir aber mit dem Herzen verbunden, gelingt uns erst eine Verbindung mit unserem Wesen, mit unserem höheren Selbst und dessen Bestimmung. Wir erleben und erfühlen uns auf eine sehr tiefgründige Art. Wir merken wie liebevoll, einzigartig, und kreativ wir sind; wir spüren unsere tiefsten Sehnsüchte und möchten sie zum Ausdruck bringen und verwirklichen. Wir bekommen Zugang zu unserem Lebensplan, mit dem wir auf diese Welt gekommen sind und erfahren das starke Potenzial, das dahintersteckt! Die Emotionen die dazu aufsteigen, können enthusiastisch, glückerfüllt, und aufregend sein. Der Wunsch dies zum Ausdruck zu bringen wächst und mit ihm auch das Vertrauen; bis sich der Verstand (oder die Vernunft) wieder versucht darüber zustellen und zu übernehmen.

Dazu braucht es, und da wären wir schon bei unserem nächsten Punkt der ein weiterer Teil von dem magischen, wundervollen Zustand ist: Mut!

Mut

Es braucht wohl eine schöne Portion Mut, etwas umzusetzen, was zum Beispiel «unvernünftig» ist. Ich möchte auf die in diesem Buch erzählte Geschichte mit Sarah`s Pony hinweisen.

Auch Mut ist eine Herzensangelegenheit und hat aber auch mit Vertrauen zu tun. Hier ist es genau so wichtig im Herzen zu sein und Vertrauen zu haben. Weil ohne Vertrauen, wagen wir etwas ausser Gewöhnliches eh nicht und wir sind nicht mit dem Herzen verbunden. So übernimmt unser Verstand die Führung

und macht uns Angst. Also lassen wir die Idee
wieder fallen.

Den Mut zu haben etwas zu wagen, was nicht
zum normalen, oder alltäglichen Leben gehört,
aus dem Herzen und nicht aus dem Verstand
entschieden, im totalen Vertrauen, dass alles
gut gehen wird, obschon es nicht abgesichert
ist, wobei dich vielleicht nahestehende
Menschen nicht mehr verstehen, das können
wir dann einem Zustand zuordnen den wir
«dem Herzen folgen, Vertrauen und Mut
haben» nennen können.

Mut zu haben heisst also auch: individuell zu
sein und dazu stehen zu dürfen. Authentisch
zu sein und sich nicht verstellen zu müssen,
um angepasst zu sein. Leider möchte aber
unser System, dass alle sich gewissen Regeln
fügen und den «normalen» Weg der «Sicherheit»
gehen. Sonst wird uns Angst gemacht. Was
bedeutet: wenn wir schön brav die
Vorschriften und Regeln befolgen, die
vorgegebene Realität in unser Leben
integrieren, die der Staat mit dem ganzen
politischen Feld für unser «Wohl» bestimmt,
dann sind wir abgesichert und es kann uns
nichts «Schlimmes» (wie z.B. Armut)
geschehen. Wir sollten uns wie Schafe in der
Herde dem Leitschaf (Regierung) anpassen und
keine Fragen stellen. Dann sind wir vom

System auch akzeptiert und gehören dazu. Haben wir Fragen, fallen wir schon unangenehm auf. Ich mag mich an eine Geschichte aus meiner Kindheit erinnern, die mir bereits als fünfzehnjährige ein riesiges Fragezeichen hinterliess. Ich besuchte damals mit allen andern Jugendlichen in meinem Alter den obligatorischen Religionsunterricht. Das Ziel war, mit sechzehn konfirmiert zu werden. Es wurde auch von uns verlangt, dass wir am Ende vom Jahr eine x Zahl von besuchten Gottesdiensten nachweisen konnten. Dazu wohnte man am Sonntagmorgen dem Gottesdienst bei und liess sich am Schluss ein Formular vom Herr Pfarrer unterschreiben, das dann als Beweis der ausgeführten Anzahl von diesen Kirchgängen dienen sollte. Ich war nicht motiviert die geforderten Kirchgänge zu absolvieren, da ich absolut keine Beziehung zu dem hatte, was dieser Pfarrer am Sonntagmorgen zu sagen hatte, und vor allem wie er es interpretierte. Also fehlte ich so zu sagen immer am Sonntagmorgen, und als ich Ende Jahr einmal anwesend war und den Pfarrer mein Formular unterschreiben liess, sagte er folgendes zu mir: «Also ich glaube nicht, dass ich dich mit den wenigen Kirchenbesuchen konfirmieren kann. Somit gehörst du halt zu den Sündern und wirst von der Kirche nicht angenommen.»

Beim nächsten Religionsunterricht, den wir beim selben Pfarrer hatten, fragte ich ihn folgendes: «Was ist das für ein Gott, der nur Menschen akzeptiert und in der Kirche aufnehmen lässt, die eine gewisse Anzahl von Gottesdienste besucht haben? Da sie lieber etwas anderes mit ihrer Freizeit anfangen, etwas das ihnen Freude macht?» Mit dieser Frage hatte ich es total verspielt mit unserem damaligen Dorfpfarrer. Er meldete sich bei meinen Eltern und drohte ihnen mich nicht zu konfirmieren, wenn ich nicht wie alle andern meine Pflicht dazu erfülle. Er liess mich auch spüren, wie unangenehm ich für ihn war. Meine Eltern zwangen mich nun die Kirchenbesuche wöchentlich nachzuholen, da meine Konfirmation für sie sehr wichtig war. Warum war es für sie so wichtig, nicht weil sie religiös waren, sie besuchten nämlich den Gottesdienst selber nie, nein, weil alle andern das auch so machen und weil auch sie es schon so gemacht haben, weil das in unserer Gesellschaft dazugehört, dass man nach der Schule konfirmiert wird. (Und selbstverständlich ein pflichtbewusster, zukünftiger Kirchensteuerzahler ist bei jeder Konfirmation für die Kirche willkommen) ... Später trat ich aus der reformierten Kirche aus.

Als Rolf und ich vor 2 Jahren uns entschieden haben aus der Schweiz nach Italien auszuwandern und anfingen dies den Leuten die wir kannten zu erzählen, hatten wir vorwiegend Reaktionen wie: -Mein Gott, habt ihr aber Mut! Ich würde das nie wagen; und was macht ihr mit eurer Krankenkasse? Oder – Ich hätte Angst ins Ausland zu gehen, dort ist man nie so sicher wie in der Schweiz! Die Kriminalität und die Einbrüche! Oder – Im Ausland ist alles sehr ungepflegt; die verlangen hohe Steuern und schneiden nicht einmal das Gras am Strassenrand. Oder – was macht ihr wenn ihr ins Spital gehen müsst? Ich hätte die grösste Angst davor... lauter solche Kommentare bekamen wir zu hören. Was deutlich macht, dass die meisten Leute so in ihrer Routinewelt gefangen sind, dass die durch das System über Medien verbreiteten Images so eingeprägt wurden, dass eine solche Veränderung nie in ihrem Leben stattfinden könnte. Sie glauben tatsächlich, dass man nur in der Schweiz gut und sicher aufgehoben ist und alles andere ist für sie gefährlich und unsicher. Die selbe Reaktion wäre wahrscheinlich auch von anderen Europäern aus anderen Ländern gekommen; aber wir verliessen ja die Schweiz.

Und so werden wir erzogen; von all den Gesetzen und Regeln, den Kulturen, Mentalitäten, Gewohnheiten und Glaubenssätze die da über uns gestülpt werden; ob wir es einsehen, unterstützen und begutachten können, oder nicht, interessiert niemanden. So sind die Regeln und wir sollten uns daranhalten, um ein gutes Herdenschaf zu sein. Das wird uns von ganz jung auf so eingeprägt. Wenn wir nun in eine richtige Schafherde reinschauen, gibt es wahrscheinlich kein Schaf, das den Mut aufbringt nicht das zu tun, was das Leitschaf und alle andern in der Herde machen. Nicht mit den andern mitgeht, sondern ganz individuell seiner Intuition folgt. Falls es doch eines versucht, kommt der Schäferhund herangerast und bringt dem Schaf auf eine Angst einflössende Art wieder Ordnung bei! Bei uns Menschen gibt es dafür ganz viele verschiedene «Schäferhunde», die diese Aufgabe übernehmen. Es gibt aber welche, die den Mut aufbringen authentisch zu sein und ihren Weg gehen, auch wenn er einzigartig ist und sich stark von der «Herde» unterscheidet. Ein sehr eindrückliches Beispiel dazu, ein grosses Vorbild für authentisch sein: Mahatma Gandhi.

Er sagte: *«You must be the chage you wisch to see in the world.»*

Was heisst: *«Du musst die Veränderung sein, die du dir wünschst in der Welt zu sehen.»*

Und somit sind wir beim vierten Punkt, der «Einzigartigkeit» angekommen

Einzigartigkeit

Einer meiner früheren Lehrer, Harald Wessbecher sprach oft von der Magie der Einzigartigkeit. Er brachte uns immer zum Lachen, wenn er uns beschrieb, wie wir versuchen mit dem Trend zu gehen. Wie wir darauf achten, nicht aufzufallen und sich ausserhalb der Normalität zu präsentieren. Er fragte die Kursteilnehmer dann auch, ob sich im Seminarsaal jemand befindet, der zum Beispiel bevor er aus dem Haus geht in den Spiegel schaut? Danach folgte immer Gelächter; weil fast jeder von uns noch schnell den prüfenden Blick in den Spiegel macht, bevor er rausgeht. Warum machen wir das? Damit wir sehen ob wir uns so wie wir aussehen, sehen lassen können. Ob wir in

Ordnung sind in den Augen der andern; nicht
für uns selber. Wir wollen unser Bild, das wir
der Gesellschaft schön angepasst haben,
natürlich «cool» zu sein, modern, die Frisur der
Zeit angepasst, bewahren. Ja nicht irgendwie
schräg auffallen. Er erzählte auch von den
Anzug- mit Krawatten-Trägern. Dass man sie
oft auf den Banken und grösseren
Geschäftsunternehmen trifft. Manche der
Anzüge in einem kalten Mausgrau, in einem
eintönigen Anthrazit, oder einem
vielversprechenden Braunton...das war die
Wortwahl von Harald, wie er diese Anzugträger
beschrieb. Was diese typischen Anzugträger
aber zu präsentieren haben ist: Ich bin ein
professioneller Geschäftsmann. Ich bin
erfolgreich und man kann mir vertrauen. Und
so repräsentieren uns noch viele andere
Outfits, die benutzt werden um cool, trendig,
modern, erfolgreich, sportlich, aber auch
ausgeflippt usw. unterwegs zu sein. Vor noch
nicht langer Zeit, kam bei den Männern einen
neuen Haarschnitt in die Mode. Auf der Seite
alles kurz bis wegrasiert, und auf dem Kopf ein
mit Hilfe von Gel aufgestellter recht langer
Kamm, der von der Stirn bis zum Hinterkopf
verläuft. Als ich die ersten Exemplare sah, war
ich über den Geschmack über einen solchen
Haarstyle erstaunt und musste eingestehen,
dass es mir nicht gefällt. Plötzlich merkte ich,

dass dies der neue Trend sein muss. Fast jeder Mann in jedem Alter liess sich nun die Haare so schneiden. Sogar bei Babys, die nur ein bisschen Haare haben, sah ich schon diesen Look. Und weil es angenommen wurde als «der neue Trend», will es fast jeder genauso haben! So fühlen sie sich akzeptiert, gehören dazu, sind auch cool, usw. Jeder Modedesigner träumt davon, einen Trend herauszubringen, etwas das dann jeder auch will; weil dann hat er es geschafft berühmt und erfolgreich zu sein. Jemand der es schafft einen Trend herauszubringen, kann von dieser menschlichen Massenreaktion profitieren.

Wo bleibt aber nun unsere individuelle Einzigartigkeit? Wenn wir versuchen ja nicht aufzufallen, und bei den Trends immer schön mitmachen? Hat das vielleicht etwas damit zu tun, nicht wirklich zu sich selber stehen zu dürfen? Zweifel und Angst zu haben nicht akzeptiert zu sein, so wie wir sind? Von den andern ausgestossen zu werden und altmodisch, nicht normal, oder komisch genannt zu werden? Haben wir nicht auch gelernt, dass wir uns anpassen sollen? Und wenn wir das nicht tun, dass wir unangenehm auffallen?

Ja das wird wohl die Antwort darauf sein. Wir befassen uns also mit einem so grossen

Aufwand damit, dass wir so sind wie die andern, dass unsere individuelle Art mehr und mehr in den Hintergrund verschwindet.

Als ich klein war, gehörte ich zu den Kindern, die am Liebsten nur durch die Welt tanzen und springen möchten. Die sich für alles interessieren und begeistern, die alles kennenlernen wollen und sehr viele Fragen stellen. Sobald ich im Kindergarten war, wurde mir diese Art schnell ausgetrieben, indem ich sehr oft hinausgeschickt wurde und mich in einer Ecke, draussen in der Garderobe schämen musste. Diese Art war nicht gefragt. Die Kinder, bis auf ein paar wenige, lachten mich dann aus und spotteten über mich und meine Art, wie ich war. Ich wurde immer ernster und stiller, bis ich gemerkt habe, dass wenn ich mich anpasse, muss ich nicht in eine Ecke mich schämen gehen, und werde von all den andern akzeptiert. Sogar meine Eltern rühmten mich, indem sie mir sagten, dass sie sehr zufrieden mit mir seien, da die Lehrerin ihnen mitgeteilt habe, dass mein Benehmen sich sehr «gebessert» hätte.

Ich lernte also, dass wenn ich so wie alle andern bin, mich anpasse und genau das mache was verlangt wird, ich in Ruhe gelassen, und sogar gelobt werde. Das funktionierte auch für ein paar Jahre; bis ich anfing mich sehr unglücklich zu fühlen und mit dem Anpassen, so zu sein wie es von den andern erwartet wurde, aufgehört habe. Das war dann auch eine sehr schwierige Zeit; aber ich bevorzugte diese Art. Es entstand aus einer Wut die in mir hochkam. Eine Wut gegen mich selber; in dem Sinn ich konnte nicht mehr länger akzeptieren wie ich mich anpasste, und dabei sehr unglücklich wurde. Es war so, als würde ich mich aufgeben, umso zu werden wie alle andern. Ich durfte nicht mich selber sein. Im Alter von ca. 13 Jahren kamen immer mehr Fragen in mir hoch wie: das kann es doch nicht sein? Bin ich auf dieser Welt wirklich am richtigen Ort? Es muss doch mehr geben als das...? Ich suchte damals in esoterischen Buchladen nach Antworten auf meine Fragen; denn in meinem Umkreis konnte niemand sie beantworten. Später lernte ich dann jemanden kennen, mit dem ich über all meine Fragen und Zweifel die ich damals hatte, reden konnte. Was für mich damals sehr wichtig und gut war.

Was ich mit dieser Geschichte sagen möchte ist, dass wir von klein auf konditioniert und sogar zum Teil gezwungen werden unsere Einzigartigkeit, der individuelle Teil in uns zu unterdrücken, weil es viel wichtiger und vor allem einfacher sein mag, so wie alle andern zu sein und die Erwartungen, die unser soziales Umfeld im Kindergarten angefangen an uns stellt, zu erfüllen. Der Mensch wird also zu einem Objekt erzogen, das funktionell, sich gehorsam den Regeln innerhalb eines akzeptablen Feldes unterwerfend, seinem höchsten Ziel nacheifert, den Erwartungen die man an ihn stellt zu entsprechen. Je mehr Erwartungen man erfüllt, desto besser, akzeptierter, liebevoller, erfolgreicher, angesehener, usw. ist man. Dieser Prozess beginnt sehr früh, da wir als Kinder schon sehr gerühmt wurden, wenn wir uns «brav», und gehorsam verhalten haben. Wenn wir in der Schule gute Noten (gute Leistung) zeigten. Falls nicht, wurden wir beschimpft oder sogar bestraft. Es wurde uns auch gesagt, dass wir es nie zu etwas im Leben bringen würden, wenn wir in Mathe nicht besser werden...also bekamen wir es mit der Angst zu tun und wir strengten uns an. Es wurde uns auch gesagt, dass das Leben hart sei, dass man hart arbeiten muss um es zu «etwas» zu bringen. Wir wurden leider nie gefragt, was möchtest du am Liebsten machen, oder wo gefällt es dir am besten? Such dir einen Beruf aus, an dem du Freude hast, etwas das dich fasziniert und das du gut kannst. Lerne in der Schule all die Sachen, die dir entsprechen an denen du interessiert bist.

Ich versuchte damals, als ich einen Beruf aussuchen sollte meinen Eltern mitzuteilen, dass ich am liebsten eine Theaterschule besuchen möchte; das kam aber leider gar nicht gut an. Heute haben sich gewisse Situationen verbessert. Es gibt auch viel mehr Möglichkeiten; aber es braucht trotzdem noch einen Quantensprung in dieser Entwicklung.

Umso schwieriger wird es nun, sich wieder zu finden, seine individuellen Sehnsüchte zu entdecken, sie zum Ausdruck zu bringen! Es braucht auch hier sehr viel Mut, und um den Mut zu haben braucht es ja Vertrauen, und dafür sollten wir mit unserem Herzen liebevoll verbunden sein. Nehmen wir als Beispiel eine Arbeitsstelle, die uns nicht gefällt, die aber von der Gesellschaft hoch bewertet ist, und die zu allem noch eine sehr geschätzte Absicherung, wie Sozialleistung, Altersvorsorge usw. verspricht, zu kündigen, um vielleicht ein Atelier für Kunst aufzumachen um seinen kreativen Ideen freien Lauf zu lassen. Hat man dann noch die Vorstellung davon leben zu wollen, ist man sofort in den Augen der Andern, (den meisten Normalen und vernunftorientierten Mitmenschen) total durchgedreht. Eine solche Situation bringt uns im Unterbewusstsein wieder an die Stelle im Kindergarten, als wir uns nicht «normal» verhalten haben und uns schämen gehen mussten. Und das ist eine sehr harte Strafe, die auf ein menschliches Leben sehr verletzend und einprägend wirkt. Wir sind in unserem Ursprung darauf angewiesen, dass wir von den andern akzeptiert und angenommen werden; sobald wir uns ausgestossen fühlen, oder nicht mehr akzeptiert sind, droht Lebensgefahr. In unserem Reptil Hirn sind solche Muster noch immer aktiv und reagieren blitzschnell, wenn etwas geschieht, das uns in «Gefahr» bringt. Also von dem Standpunkt des Reptilien Hirn aus, fühlen wir uns in Lebensgefahr, wenn uns die Lehrerin rausschickt. Das ganze Trauma wird mit dem Auslachen und Spotten der andern um ein Vielfaches verstärkt. Darum bleiben so viele Leute an einem Arbeitsplatz, der ihnen nicht gefällt, mit einem Lebenspartner, den sie nicht lieben, in einer Wohnung, die ihnen nicht entspricht...sie haben Angst etwas zu verändern. Sie fühlen sich verunsichert und fragen sich: und wenn das nicht funktioniert? Lieber an einem «gewohnten» Ort bleiben, an dem man zwar sehr unglücklich ist, als etwas zu wagen, das man nicht kennt. Und meistens folgt dann noch die berühmte Frage: und was denken die andern? Also findet unser Verstand, der ja ganz eng mit unserer programmierten Prägung zusammen arbeitet einen vernünftigen Grund:

die Wohnung nicht zu wechseln, den Partner mit dem man unglücklich ist nicht zu verlassen, die Arbeitsstelle die bereits seit langer Zeit nicht mehr gefällt, nicht zu kündigen.

Versucht also wieder zu euch zurück zu finden. Eure Einzigartigkeit zu suchen und zu entdecken. Vielleicht steckt in euch ein Maler, ein Musiker, eine Sängerin, ein Autor, oder ein Abenteurer, der auf einer Weltreise seine Passion findet? Es könnte auch sein, dass ihr in einem Verein, in einer Organisation, oder in der Politik an die Öffentlichkeit geht und eure Intuitionen, Erfahrungen und Ansichten mitteilt, die vielleicht alles aus dem alt verrosteten System auf den Kopf stellen und beitragen eine wünschenswerte Veränderung zu erschaffen?! Dafür brauchen wir Mut aber auch Einfühlungsvermögen.

Und somit möchte ich zu unserem nächsten Punkt von dem wundervollen   Sein Zustand gehen.

Einfühlungsvermögen

Um herauszufinden, was uns einzigartig macht, braucht es Einfühlungsvermögen. Wir müssen wieder sensitiver werden um zu erspüren, was unsere Passion ist. Es gibt so viele Menschen die nicht wissen, wo ihre ganz spezielle und individuelle Begabung, oder ihr Talent steckt. Sie haben oft keine Ahnung. Um das heraus zu finden, ist diese Frage immer sehr hilfreich: «Was bringt mir Freude?» Und schon sind wir dem Ganzen etwas nähergekommen. Es könnte ja sein, dass jemand sehr gerne reist. Die nächste Frage wäre: «Welche Art von Reisen gefällt mir?» Vielleicht ist die Antwort: Kulturelle Reisen, die Interessen an fremden Kulturen und es könnte ja sein, dass das Bedürfnis Menschen in Not zu helfen sehr gross ist? Als nächstes könnten Fragen auftauchen, wie man diesen Menschen am besten helfen könnte? Wie ein Projekt an einem solchen Ort gestartet wird? Indem man versucht andere zu motivieren mitzumachen? Zum Beispiel an einem Ort, von wo aus sehr viele Wirtschaftsflüchtlinge auf tragische Art und Weise nach Europa kommen. An einem solchen Ort den Menschen zeigen, wie sie aus ihrer Heimat wieder ein lebenswertes Zuhause erschaffen könnten, damit sie nicht mehr nach Europa flüchten müssen (wollen)! Dann würde man mit seiner Passion mithelfen, ein grosses weltliches Problem zu lösen. Ich habe übrigens letzte Woche, als ich im Auto Radio hörte von einer solchen Organisation gehört, entstanden aus einer Idee eines Menschen der davon überzeugt ist, dass es eine gute Lösung für solche Menschen gibt, indem man in ihrem Land hilft von Grund auf eine neue Lebensstrategie aufzubauen.

Das wäre nun ein Beispiel von unendlich vielen anderen... es gäbe so viele Arten seine Einzigartigkeit zu entdecken, (oder zu erfühlen) und zum Ausdruck zu bringen. In Form von Kunst, Theatervorführung, Seminarleiter, Unternehmer, Gründer, Meditationsleiter, Yogalehrer, Therapeut, Komiker... oder einfach durch unsere Art einzigartig zu sein. Dazu eine Geschichte:

Es war einmal ein Fabrikarbeiter in einem sehr grossen Betrieb. Er arbeitete am Fliessband, wie viele Mitarbeiter von ihm auch. Etwas unterschied ihn aber von allen andern; und das war seine lustige Art, seine immer guten Launen und sein Humor. Alle hatten ihn gern und freuten sich über seine Spässchen die er für jeden auf Lager hatte.

Eines Morgens, als alle zur Arbeit kamen, fehlte er. Er hatte seit längerer Zeit ein Rückenproblem und konnte nicht mehr am Fliessband weiterarbeiten. Er wurde von allen vermisst, da er mit seiner lustigen Art immer für eine gute Stimmung sorgte. Was sehr aufgefallen war ist, dass der Umsatz von dieser Fabrik enorm abgenommen hatte, bald nachdem der lustige Arbeiter nicht mehr anwesend war. Dem Geschäftsführer fiel das auf und er hatte begriffen, wie wertvoll seine Anwesenheit mit seiner humorvollen Art für den Betrieb und seine Mitarbeiter war. Er setzte sich in Kontakt mit dem Mann und bot ihm an, einfach ein paar Stunden pro Tag anwesend zu sein. Er müsse nicht arbeiten; einfach dort sein und seine Spässchen an den Tag bringen. Er würde ihm den gleichen Lohn zahlen, wie wenn er arbeiten würde. Der Mann war erstaunt, aber sehr glücklich und fühlte sich geehrt über dieses Angebot. Er war täglich dort und die Fabrik lief wieder viel besser.

Wenn wir nun auf der Suche von unserer Einzigartigkeit sind, und unser ganzes Einfühlungsvermögen einsetzen, uns die Frage stellen, was erfreut uns denn, wofür haben wir denn Passion und Talent? ... Später eine Antwort finden; dann ist der Zeitpunkt gekommen, der uns zu der nächsten Frage führt: «Wie kann ich mit meiner einzigartigen Tätigkeit andere erfreuen, oder ihre Lebensqualität verbessern?» Das ist nämlich der springende Punkt, indem sich alles wieder um ein Vielfaches vergrössert und schlussendlich zum Erfolg führt! Es gibt kaum ein schöneres Gefühl, als mit seiner Passion zu sein, sich authentisch zum Ausdruck bringen zu können und gleichzeitig andere Menschen zu erfreuen so, dass sie durch diese Tätigkeit eine bessere Lebensqualität erfahren. Das ist dann der absolute Höhepunkt, der uns auch unendlich erfreut und glücklich macht. Auch dafür braucht es eine Portion Einfühlungsvermögen; denn nur wissen kann man das nicht. Da es ja hier um einen Zustand geht und Zustände kann man nicht wissen, nur erfahren und erfühlen. Es geht also darum, dass wir mit unserem Feingefühl einfühlen, wie wir mit unserer Einzigartigkeit andere erfreuen, und zu mehr Lebensqualität helfen können. Dann machen wir die Erfahrung verbunden zu sein, zu allen und mit allem. Dies ist ein absoluter Höhepunkt unseres Daseins. Eine 75-jährige Hirnforschung hat gezeigt, dass dieses Gefühl das durch die Wahrnehmung und des Erlebens der Verbundenheit stattfindet, ein absolut starkes Festival der Freude in uns auslöst. Durch diese Erfahrung werden wir uns bewusst, wie einfach es ist ein «ok-Leben» in ein glückliches, erfülltes Leben zu transformieren.

Somit sind wir beim nächsten Punkt angekommen:

Bewusstheit

Ich schreibe ein kleines Bisschen über dieses Thema, da es unendlich gross ist und nie endet. Bewusstsein, oder Bewusstheit hört nie auf!

Die Natur unseres Daseins ist immer so, dass wir uns von Ordnung zu Unordnung bewegen, wenn wir nicht daran arbeiten und lernen. Zum Beispiel der Körper wird älter und schwächer. Der Anfang einer Beziehung geht sehr leicht und harmonisch; mit der Zeit gibt es mehr Anstrengung, um die Harmonie behalten zu können. Der Verstand entwickelt sich im Alter zurück in Unordnung. Es gibt also nur die Richtung in die Unordnung, oder in die Ordnung. Aber wir müssen daran arbeiten und uns bemühen zu lernen, damit wir uns in die Richtung der Ordnung bewegen.

Je mehr Bewusstheit wir bekommen, je grösser unser Bewusstsein entwickelt ist, je freier und unbeschwerter gehen wir durch das Leben. Wir merken, dass nicht das Aussen für unsere Sorgen und Ängste, oder Zustände wie unglücklich, wütend, oder gestresst zu sein verantwortlich ist. Wir erfahren, dass wir das alles selber in der Hand haben. Wir können also ohne weiteres unsere Ängste und Sorgen in Vertrauen und Leichtigkeit, oder Zuversicht transformieren.

Bewusstsein ist der Schlüssel zur Freiheit und zum Glück. Es ermöglicht uns zu sehen, was mit uns geschieht, wenn wir uns in einem Leidenszustand befinden und wir erkennen, dass unsere Interpretation von etwas verantwortlich für unseren Zustand ist; und nicht die Sache selber. So wie wir denken, fühlen, etwas sehen, so wirkt es dann auch auf uns. Also nicht die Sache ist der Grund, sondern unser Empfinden darüber. Es nützt nichts, was die meisten von uns immer versuchen, nämlich die Sachen im Aussen zu verändern, oder davon weg zu laufen, es bringt uns nur weiter und befreit uns vom Leiden, wenn ich meine Empfindung anschaue, mich frage warum ich z.B. so verletzt über etwas bin, und dann erkenne, dass es nur meine Interpretation war, die mich in diese Verletzlichkeit gebracht hat. An dieser Stelle möchte ich auf die Geschichte mit der Mutter und ihrer Tochter hinweisen, die so untröstlich traurig über den Gesundheitszustand ihrer Tochter war; dann aber merkte, dass dies unendlich grosse Traurigkeit nur mit ihrer Wahrnehmung und Interpretation zu tun hatte und nicht mit ihrer Tochter, die mit ihrem Gesundheitszustand in Frieden lebt und ihn auch akzeptiert hat. Diese Geschichte wird später im Buch noch erzählt. Das ist ein Teil der Bewusstheit.

Je mehr wir an uns arbeiten und versuchen zu verstehen was da alles geschieht in und um uns, aus dem Herzenszustand Liebe und Verständnis aufbauen für uns selber und für andere, Vertrauen haben, dass wir unser Bestes geben und auf unserem Weg sind, den Mut haben authentisch zu sein und unsere Einzigartigkeit zum Ausdruck bringen, einfühlsam erkunden was wir zu dem Weltgeschehen beitragen können, dann erlangen wir einen wunderbaren Zustand des Seins und sind uns auch bewusst, dass wir diesen Zustand in uns erschaffen können. Da dieser Zustand sich so wunderbar anfühlt, möchten wir mehr und mehr immer dort sein. Es kommt dann auch die Zeit, in der wir vielleicht gerade auf einem Spaziergang sind, oder uns mit geschlossenen Augen in einer tiefen Meditation befinden, und plötzlich wird uns Bewusst, wie traumhaft schön es sich anfühlt, in diesem Moment in diesem wunderbaren Zustand sein zu dürfen. Es überkommt uns eine tiefe Dankbarkeit und oft zaubert sich ein stilles Lächeln auf unser Gesicht.

Dankbarkeit

Was für ein schönes Gefühl, dankbar zu sein!
Bevor ich einschlafe, habe ich oft das
Bedürfnis mich zu bedanken. Ich bedanke
mich für meine schöne Beziehung mit meinem
Lebenspartner Rolf, die mich und mein Leben
zu mehr macht als es je war. Sarah, die als
meine wunderbare Tochter in mein Leben
gekommen ist, mit der ich eine tiefe und
wunderschöne Verbindung habe. Unsere
beiden Rhodesian Ridgebackhunde, Ashima
meine Seelenhündin, und Jamali unser
Sonnenschein und Charmeur, die beiden
bereichern unser Leben und berühren
mehrmals täglich unsere Herzen. Das schöne
Haus in dem wir leben und den Ausblick auf
unberührte Natur und See geniessen können.
Dankbar, dass wir alle in guter Gesundheit
sind und es uns sehr gut geht. Dankbar über
meine Arbeit als Coach und Therapeutin, die
mir erlaubt mit wunderbaren Menschen aus
aller Welt verbunden zu sein, die ich zum Teil
schon viele Jahre begleiten darf. Dankbarkeit
können wir auch einfach erfahren durch eine
Situation, in der uns jemand überrascht mit
einem schönen Kompliment, oder einem
Geschenk, jemand der auf etwas das von uns
kommt glücklich reagiert und Freude zeigt,

oder wenn wir uns glücklich fühlen und in einem wunderbaren Zustand sind!

Dankbarkeit ist nicht nur ein Zeichen, dass wir beschenkt wurden und uns dafür bedanken!

Dankbarkeit ist ein Bewusstseinszustand, indem wir fühlen, dass wir nicht alleine sind. Dieser Zustand können wir nicht erfahren, wenn wir unglücklich sind oder uns alleine fühlen.

Wenn wir Dankbarkeit erfahren, sind wir verbunden mit allem um uns herum, wir fühlen uns glücklich, geliebt, leicht, von einer wunderschönen Intelligenz geführt, und dann fühlen Dankbarkeit.

Es ist uns auch bewusst, dass wir niemals alleine existieren könnten.

Das Essen auf dem Teller: Der Bauer und seine Frau, die Tiere, die Erde, der Händler, die Verkäufer auf dem Markt, der Transport, ...

Der Teller selber, das Besteck ...

So viel ist verantwortlich für einen einzigen Teller Essen. Es geht nicht um mich selbst, es geht um die Erfahrung, dass alles und alle verbunden sind und nichts ist nur von mir erfunden oder kreiert worden; das ist gar nicht möglich. Diese Erfahrung, dies auch fühlen zu können, führt uns zu tiefer Dankbarkeit.

Was wäre, wenn wir alle mehr Dankbarkeit fühlen würden?

Wie würden wir unseren Körper, die Energie, unser Umfeld, erfahren?

Und wie würden sich die Gedanken und die Wahrnehmung transformieren?

Es gibt nur zwei Seins-Zustände

Es gibt der Leidenszustand und es gibt der wunderschöne Zustand. Es gibt die Möglichkeit aus einem Leidenszustand in eine Aktion zu gehen, oder aus einem wunderschönen Zustand aus. Zum Beispiel am Arbeitsplatz, in der Ausbildung, als Elternteil, oder als Partner in einer Beziehung. Was auch immer die Aktion ist, das Resultat wird sich schlussendlich nach dem Zustand, in dem wir aktiv waren richten. Sind wir frustriert und verängstigt an ein Projekt gegangen, führt uns das garantiert an ein anderes Ziel, als wenn wir voller Freude und Selbstvertrauen dasselbe Projekt angegangen wären.

Wir können keine Kontrolle über unser Leben haben. Wir wissen nie was Morgen sein wird. Wir beherrschen auch keine Kontrolle über unsere Mitmenschen oder sonstige Situationen im Aussen; was wir aber kontrollieren können, ist der Zustand unseres Seins!

Es ist immer wieder zu beobachten, dass sobald es uns schlecht geht, oder uns etwas nicht gelingt, wir im Aussen die Schuld von unserem Missgeschick suchen. Meistens finden wir dann auch den/die/das Schuldige und brauchen so keine Verantwortung zu übernehmen. Wir leiden dann weiter, sind aber überzeugt, dass es nicht unsere Schuld ist. Das ist eine Gewohnheit von uns Menschen und das ist absolut in Ordnung, dass wir diese Gewohnheit auch anwenden. Leider drehen wir uns so aber auch immer weiter in der Gewohnheit des Leidens. Wir befreien uns nicht von diesem Zustand. So rennen wir nur von dem Leiden weg, das uns aber bald wieder einholt.

Was können wir tun?

Das Leben bringt uns immer wieder neue Herausforderungen die uns verängstigen, verunsichern, verletzen, oder wütend machen, das ist so und es ist auch ganz normal, dass wir dann mit diesen erwähnten Emotionen in den Leidenszustand gehen. Aber jetzt kommt der entscheidende Punkt. Wir können in diesem Zustand bleiben, ihn sogar mit

intensiven Emotionen unterstützen, oder wir
können erkennen, dass wir leiden und
bewusst aus dem Leiden aussteigen. Um diese
Transformation auszuführen, braucht es
Bewusstsein. Wir sind uns bewusst, dass wir
jetzt leiden, wir sind uns bewusst, dass wir
aus einem wunderschönen Zustand viel
erfolgreicher sind und wir sind uns bewusst,
dass wir diesen Zustand kontrollieren können.

Der erste Schritt für diese Transformation ist,
finde deine innere Wahrheit zu deinem Leiden.
Übung dazu:

Sei dir voll bewusst, dass du Konzepte
Vorstellungen und Erwartungen hast, die sich
während deinem ganzen Leben, mit deiner
Lebensgeschichte und den Erfahrungen
entwickelt und aufgebaut haben. Werden diese
angegriffen, oder in Frage gestellt reagierst du
so, dass du sie verteidigst. Da es meistens um
deine persönlichen Images geht, mit denen du
dich identifizierst, verteidigst du sie sehr stark
und kämpfst mit Aggression und Wut, weil du
dich selber angegriffen fühlst. Die Reaktion
kommt also aus dem Reptilien Hirn. Das
Gleiche spielt sich bei Erwartungen ab; werden
deine Erwartungen nicht erfüllt, bist du
gekränkt, verletzt, oder enttäuscht. Es geht

also um dich. Es geht um deine Interpretation von einer Sache, und wie du sie erfahren hast; dem entsprechend erwartest du. Dass deine Erwartungen erfüllt werden ist so wichtig, dass du «glücklich» bist. Aber dass deine Erwartung vielleicht mit der Absicht von der Person und deren Geschichte, an die du deine Erwartung stellst absolut nichts zu tun hat, das wird gar nicht realisiert. Da alle deine Erwartungen nur auf dich und deine Geschichte bezogen sind.

Versuche nun herauszufinden, wie es aussieht, wenn du das, was geschehen ist von dem Gegenüber, oder von der Situation her betrachtest. Dich in die Situation, oder in dein Gegenüber reinfühlst. Gibt es da eine andere Wahrnehmung? Bevor du aus Wut, oder Verletzlichkeit reagierst, halte an. Mach eine Pause und atme tief ein und aus.

Meditation innere Wahrheit finden:

Schliesse deine Augen und atme 3x tief ein und aus.

Versuche nun deine innere Wahrheit für dein momentanes Leiden zu verstehen.

Finde die Wahrheit, deine innere Wahrheit für dein Leiden.

Atme tief ein und aus.

Nehme diese Wahrheit liebevoll an und umarme sie.

Atme 3x tief ein und aus, dann lächle beim Ausatmen.

Stelle dir ein goldenes Licht in der Grösse einer Kerzenflamme

vor deinem 3. Auge, zwischen den Augenbrauen vor

Stelle dir vor, dass dieses Licht in die Mitte von deinem Kopf hineingeht.

Dich wieder verbindet zu deinem Wesen, das voller Liebe und Vertrauen ist und dich öffnet zu einer höher schwingenden Intelligenz, die dich zu weisen Entscheidungen führt.

Komme dann langsam zurück und öffne deine Augen.

Was auch immer sehr hilfreich ist, von Anfang an dem Gegenüber wirklich zuzuhören. Augenkontakt und aufmerksam versuchen, den andern wahrzunehmen; sich in ihn einzufühlen. Und nicht alles immer von seinem eigenen und einzigen Standpunkt aus zu sehen und zu beurteilen. Es gibt nicht nur die unsere Wahrnehmung und Interpretation. Es gibt von einer Situation so viele

Interpretationen wie Menschen, die daran teilnehmen!

Eine Erfahrung dazu:

Die Geschichte mit R. & J.

Ich fragte mich, was Ananda Giri genau meinte, als er an dem Seminar in Verona sagte, dass die Vision der «One World Academy» auf Grund von Krishnaji seiner Erfahrung (verbunden mit einem Umfall in California) entstand, und zwar, dass wir leiden, weil alles immer nur um uns selber geht. Krishnaji ist der Gründer von One World Academy India.

Bald darauf bekam ich die Antwort, als ich mit einer Klientin über Skype eine Coaching-Sitzung hatte. Sie hat mir die Erlaubnis gegeben, dass ich diese wunderbare Geschichte in meinem Buch erzählen darf.

Sie hat eine Tochter mit einer unheilbaren Krankheit, die sich schleichend immer etwas verschlimmert. Ihre Tochter ist im Rollstuhl.

Sie sagte mir bei unserer letzten Sitzung, dass sie sehr leidet und stundenlang weint, da es ihr das Herz zerreisst, wenn sie an ihre Tochter denkt. Sie könne nicht mehr selber essen, ihre Hirnfunktion würde immer schlechter, sie erinnert sich nicht mehr an die richtigen Worte und könne sich dadurch auch nicht mehr klar ausdrücken. Es sei so schlimm für sie, diese Verschlimmerungen immer wieder zu realisieren und nichts dagegen tun zu können.

Darauf fragte ich sie: wie es denn für J, ihre Tochter sei? Ob sie nicht mit dieser Krankheit umgehen könne, im Konflikt mit ihrem Zustand sei und leidet? Oder aber, ob sie diese Krankheit akzeptiert hat, die für sie ein Teil ihres Daseins geworden ist, und oft glückliche Momente erlebt, und diese auch zum Ausdruck bringt? Also ohne Widerstand mit ihrer Krankheit in Frieden umgehen und sogar glücklich sein kann dabei?

Nach einem Moment des Schweigens sagte sie: «Ja! Genauso ist es, sie hat ihr Schicksal total angenommen, sie ist überhaupt nicht im Widerstand damit. Und ja sie hat oft Momente, in denen sie sich wirklich freut, lacht und glücklich ist.»

Mit meiner Klientin zusammen verstanden wir das Leiden. Es hatte nur mit ihr zu tun. Sie konnte es nicht akzeptieren, war frustriert, nicht etwas dagegen tun zu können. Aber die Person, ihre Tochter J. um die es eigentlich geht, leidet gar nicht!

Ich fragte sie, ob sie bereit sei, von ihrer Tochter zu lernen, mit dieser Krankheit und ihrem Zustand konfliktfrei umgehen zu können? Und ob sie die schönen, für J. glücklichen Momente bereit sei mit ihr zu teilen und selber glücklich sein könne dabei?

Darauf fühlte sie sich bereits sehr erleichtert und sagte zu mir: «Ich habe es immer nur von meiner Sicht aus betrachtet und konnte nicht damit umgehen; vergass aber zu sehen, dass J. aber damit umgehen kann, und das sogar sehr gut. Und das ist ja eigentlich das Wichtigste, es geht ja um sie und sie leidet nicht! Sie ist nicht im Widerstand und sie akzeptiert diese Form von da sein.»

R. meine Klientin ist sehr dankbar für diese Erfahrung, für diese Wahrheit und Transformation ihrer Wahrnehmung. Und ich bin auch sehr dankbar, dass ich durch diese Coaching-Sitzung mit R. meine Frage so klar beantwortet bekam, und meine Klientin durch eine so wunderbare Erfahrung, die eine grosse Erleichterung für sie brachte, begleiten durfte.

Es wäre für mich eine Ehre und eine grosse Freude, wenn ich mit diesem Buch ein paar einfache Transformationen bei vielen Menschen aktivieren könnte. Einfache Veränderungen aber wesentlich für ein glückliches Leben. Die Transformation von einem «ok»-Leben in ein wunderschönes, glückliches Leben. Das geschieht, wenn wir uns bewusstwerden, dass das einzige was wir kontrollieren können unser Seins-Zustand ist. Dass wir die volle Verantwortung dafür übernehmen und lernen, dass alles was wir aus einem wundervollen Sein aus aktivieren, ganz anders antwortet, als aus einem Leidens-Zustand.

Aus einem wundervollen Sein-Zustand geschieht dann auch:

Synchronisierung

Das heisst: Glück haben, ein glücklicher «Zufall» ergibt sich, Erfüllung eines Herzenswunsches, in einem wichtigen Moment Hilfe und Unterstützung bekommen... zur richtigen Zeit am richtigen Ort zu sein.

Damit wir das erreichen, müssen wir auch immer wieder eine Pause machen und anhalten. Wenn wir nämlich in unserem Alltag sind, in unserer gewohnten Aktion, gehen wir auch ganz leicht in die gewohnten Gedankenmuster rein. Diese Gedanken rufen Emotionen hervor, die uns aus einem wunderschönen Seins-Zustand rausholen können. Zum Beispiel Zweifel, oder Ärger. Also halten wir an und fragen folgende Fragen:

1. Bringt mein Zustand Stress, oder Befreiung?
2. Trennt es mich, oder verbindet es mich?
3. Ist es auf der Basis von Fakten, oder Voreinnahme?

Dann, den wahrhaftigen Zustand erkennen, liebevoll akzeptieren und mit drei bewussten Atemzügen durch die Nase, beim Ausatmen lächeln, die Augenbrauen entspannen, mit der Vision von einem goldenen Licht das langsam in das Zentrum von unserem Kopf reingeht, in den wunderschönen Zustand transformieren.

Eine Geschichte dazu:

Erzählt von Preethaji, einer wundervollen Lehrerin und Mitgründerin von One World Academy aus Indien.

Ein junger Mann nahm sich vor, sehr erfolgreich zu werden. Er lebte in einem Dorf und zählte zu den ärmeren Menschen.

Sein Plan war wie folgt: er hatte eine Keramikschale voller Mehl. Mit diesem Mehl hatte er vor, feine Brote zu backen, die er für einen guten Preis auf dem Dorfmarkt verkaufen würde. Aus dem Erlös wollte er sich eine Kuh kaufen und die Milch verkaufen, aus diesem Gewinn mehrere Kühe kaufen und zu einem reichen Milchbauer aufsteigen. Seine

Tochter würde er dadurch mit einem reichen Bauernsohn verheiraten und der Familienreichtum verdoppelt sich... das war sein Plan. Zufrieden legte er sich schlafen und wollte am nächsten Tag anfangen, seinen Plan zu realisieren.

In derselben Nacht, als alle schliefen fing sein Sohn, der noch klein war an zu schreien. Seine Frau hörte ihn nicht und schlief weiter. Da wurde der Mann so wütend auf seine Frau, stand auf, schrie tobte und wollte sie unsanft stossen, damit sie endlich erwachen würde... dabei stiess er gegen die Keramikschale mit dem Mehl. Diese fiel mit lautem Krach auf den Steinboden und die vielen Splitter vermischten sich mit all dem Mehl. Das war das Ende von seiner Vision. Entstanden aus einem Seins-Zustand in Wut; also «Leiden».

Es gibt zwei Zustände: Leidenszustand, oder wunderschöner Zustand

Leiden:

Sich getrennt, oder sich kleinfühlen, einsam, verlassen, ausgestossen, im Stress sein, Angst haben, Konflikt, verletzt, unter Druck sein, Eifersucht, Wut ..

Und hier ist eine weitere Meditation, die uns wieder aus einem Leidens-Zustand befreien kann:

Meditation:

3x bewusst und ruhig ein und ausatmen

3x bewusst atmen mit Lächeln beim Ausatmen

1.x lächeln

2.x lächeln mit Lippen und Wangen

3.x lächeln mit Augen und Gesicht

Hände auf das Herz legen 3x Atmen

1.x Ich bin in Frieden

2.x Ich bin in Freude

3.x Ich bin in Liebe

Wunderschöner Zustand:

Freude, Ruhe, Mut, Vertrauen, Liebe, Schönheit, Klarheit, Dankbarkeit, sich verbunden fühlen zu sich selber und zu allem um sich herum.

Um Ziele zu erreichen, die unseren Wünschen entsprechen, müssen wir unser gewohntes Denken transformieren, dann transformieren wir die Emotionen und die Aktion zur Manifestation.

Was hast du für Ziele?

Und wie gehst du sie an? Gewohnheitsdenken analysieren, anhalten und fragen: wie fühle ich mich? In was für einem Zustand befinde ich mich? Ist das der Zustand in dem ich sein möchte? Von dem aus ich meine Herzenswünsche manifestieren kann? Wenn nicht, transformiere deinen Zustand, bevor du an dein Projekt gehst, das dich an dein Ziel führen soll!

Mein Ziel

Es fühlt sich an, wie ein grosses Erlebnis, das nie endet. Es macht mir bereits seit vielen Jahren sehr viel Freude zu wachsen, zu lernen und über alles was in uns geschieht, bewusst zu werden, um es dann auch an andere weitergeben zu können. Es ist wie eine abenteuerliche Reise diesen Weg zu gehen und all diese Erfahrungen machen zu dürfen. Auf diesem Weg haben mich viele Lehrer in Ausbildungen und Seminaren unterstützt und mir wertvolles Wissen beigebracht, auch Weisheiten aus Büchern haben mir oft sehr viel geholfen weiterzukommen. An dieser Stelle möchte ich mich von Herzen bedanken bei Harald Wessbecher, bei dem ich viele hilfreiche Bewusstseinstraining machen konnte, der aber leider nicht mehr da ist. Bei der Oneness-

University Indien und den wunderbaren Erfahrungen dort, den ganz speziellen Darshans von Bhagavan und seiner Frau Amma, die mir und meinem Partner das Tor zu einer total klaren Weisheit öffneten. Bei meinen Lehrern aus Indien, aus der One World Academy, der school of wisdom, die uns immer wieder unterstützen, die Erfahrung weitergeben, wie aus einem wunderbaren Zustand grenzenlos alles möglich ist. Dann bei all den wunderbaren Ausbildungen über Bewusstseinstraining, Coaching, Heiltechniken bis hin zur Quantenheilung die ich besuchte und die mich unterstützten weiterzukommen auf meinem Weg. Bei meinem Lebenspartner und gleichzeitig meiner grossen Liebe Rolf, der mir so vieles gezeigt und mit mir geteilt hat, durch ihn lernte ich die Lehrer in Indien kennen und von ihm wurde ich in das «Seminargeben» eingeführt.

Es war, seit ich 14 Jahre alt bin immer mein Ziel bewusst zu werden, zu lernen, und zu wachsen. Ich habe damals nach «etwas» gesucht, das mir meine vielen Fragen beantwortet. Seit 44 Jahren bin ich am Lernen und es macht mir immer noch so viel Spass weiter zu lernen und weiter bewusst zu werden, was Tag täglich mit unseren Gedanken, Emotionen, und unserem Befinden geschieht. Wie wir sie verändern können, falls wir uns nicht wohl fühlen, oder sogar am Leiden sind. Was eine Transformation von einem Zustand in einem solchen Moment auslösen kann; das fasziniert mich und berührt mich sehr. Wie aus Leiden Freude wird, aus Armut Reichtum, aus Misserfolg Erfolg... wie schlussendlich durch diese kraftvolle Transformation unseres Seins-Zustand sich unser Leben nach unseren Wünschen verändert.

Also kann ich sagen, dass mein Weg mein Ziel ist und mir unendlich viel Freude bringt. Ich liebe es zu lernen und die Möglichkeit zu haben, meine Erfahrungen weiterzugeben. Sei es in meinen Coaching-Sitzungen mit Klienten über Skype aus vielen Orten auf der Welt, oder sei es über Seminare, Webinare, die wir anbieten, und nun auch über dieses Buch, das sicher nicht das letzte sein wird. Ich wünsche mir von ganzem Herzen, und das ist auch die Absicht, oder das Ziel von diesem Buch, dass viele Menschen motiviert sein werden, aus einem wunderbaren Seins-Zustand ein erfolgreiches, glückliches Leben zu gestalten!

Namasté

Zu der Autorin

Beatrice Pfister, 23. 1. 1960 geboren in Bern Schweiz, arbeitet seit vielen Jahren als integrative Energietherapeutin, Gesprächstherapie, Matrix-2-Punkt Anwendung aus der Quantenphysik, Channeling-Sitzungen und leitet mit ihrem Partner Rolf Thomas Steiner Seminare für integrierte Energietherapie, Quantenheilung, Selbsterfahrung und Bewusstseinsarbeit. Mehr dazu auf meiner Webseite:
https://www.beatransformationcoaching.com/

Was ist die Motivation zu diesem Buch?
"Das Leben, die Umstände, der Zeitgeist, die Verunsicherung und die Ängste der Menschen.

Die vielseitigen Erfahrungen durch Bewusstseinsarbeit und Erkenntnis in der Zusammenarbeit mit Menschen aus meiner Praxis; so wie aus unseren Gruppenausbildungen an unseren Seminaren und Kursen, mein eigener Ausbildungsweg, der mich durch langjährige Prozesse und Weiterbildungen führte. Die Ausbildungszeit, die mich weitaus am Meisten geprägt hat, war die Zeit an der Onenss-Universität in Indien, Chennai, als ich das universelle Grundbewusstsein nicht nur lernte, sondern mit allen Zellen erfahren durfte. Und nun ist die Zeit gekommen, in der sich mehr und mehr Menschen Sorgen machen um den Planeten und sie sehen unser Leben auf der Erde in grosser Gefahr. Sie fragen sich: Wie soll das weitergehen? Was können wir tun? Wie sieht es mit dem eigenen Lebensweg aus, in dieser unsicheren Zeit? Wie steht es mit der Liebesbeziehung, gibt es sie noch? Können wir noch erfolgreich sein? Was brauchen wir, um wirklich glücklich zu sein? Sind wir das? Was ist eigentlich unsere Bestimmung? ... All diese Fragen und noch mehr, haben mich motiviert dieses Buch zu schreiben! Denn jetzt ist die

Zeit gekommen, in der wir Ängste, Leidensprozesse und Verunsicherungen in Mut, Freude und Vertrauen transformieren können. Und somit verändern wir auch das Leben hier auf der Erde! Lasst uns damit beginnen!!!"

FSC
www.fsc.org
MIX
Papier aus ver-
antwortungsvollen
Quellen
Paper from
responsible sources
FSC® C105338

Herstellung und Verlag:
BoD - Books on Demand, Norderstedt
ISBN 978-3-7460-7907-3